困境·责任·制度

我国农村失独家庭的养老保障及社会支持

赵仲杰　著

知识产权出版社
全国百佳图书出版单位
—北 京—

图书在版编目（CIP）数据

困境·责任·制度：我国农村失独家庭的养老保障及社会支持/赵仲杰著
.—北京：知识产权出版社，2021.9
ISBN 978-7-5130-7138-3

Ⅰ．①困… Ⅱ．①赵… Ⅲ．①农村—养老—社会保障—研究—中国
Ⅳ．①F323.89

中国版本图书馆CIP数据核字(2020)第161199号

责任编辑：赵　军　　　　　　　　责任校对：潘凤越
封面设计：纵横华文·邓媛媛　　　　责任印制：孙婷婷

困境·责任·制度：我国农村失独家庭的养老保障及社会支持
赵仲杰　著

出版发行：	知识产权出版社有限责任公司	网　　址：	http://www.ipph.cn
社　　址：	北京市海淀区气象路50号院	邮　　编：	100081
责编电话：	010-82000860转8127	责编邮箱：	zhaojun99668@126.com
发行电话：	010-82000860转8101/8102	发行传真：	010-82000893/82005070/82000270
印　　刷：	北京虎彩文化传播有限公司	经　　销：	网上书店、新华书店及相关专业书店
开　　本：	700mm×1000mm　1/16	印　　张：	12
版　　次：	2021年9月第1版	印　　次：	2021年9月第1次印刷
字　　数：	188千字	定　　价：	58.00元
ISBN 978-7-5130-7138-3			

目　录

第一章　绪　论

一、问题的提出

问题是"时代的格言",是"公开的、无所顾忌的、支配一切个人的时代之声"。我国实施的计划生育政策成效显著,主要表现在控制人口增长率、促进社会资源高效利用、提升社会经济发展水平等方面。但是,随着计划生育政策的长期实施,其弊端日益显现,我国的失独家庭规模越来越大,而且还在不断增加,这是我们必须认真应对的社会问题。

曾作为微观层面家庭问题的"失独"问题,已成为不可回避的社会问题。截至 2020 年,我国至少存在 102 万个失独家庭,而且以每年 7.6 万个的速度快速增长。人口学专家易富贤在《大国空巢》中讲道:中国有 2.18 亿独生子女,其中有 1009 万人或将在 25 岁之前离世。这个推断表明,中国在不久之后,将会产生 1000 万个失独家庭。独生子女,尤其是比较大龄的独生子女的死亡将使其父母面临一系列养老问题。然而,我国有关失独家庭的社会保障和社会支持体系还很不完善,大量的失独家庭面临着许多困境,比如生存、发展困境,尤其是农村失独家庭在经济水平、社会资源等方面均处于劣势,所以迫切需要做好农村失独家庭政策、法律、制度方面的规划。农村失独家庭的老人如何养老? 社会、政府应该如何回应农村失独家庭的养老维权? 农村失独家庭面临的困境有哪些? 有哪些责任主体能够协同应对农村失独家庭的困境? 每个责任主体应该承担何种责任? 我们应该构建怎样的农村失独父母的养老保障制度及养老服务体系? 所有这些问题亟须得到我国政府、社会的高度关注。

我国独生子女家庭在数量、结构、成因方面与西方国家有较大差异，而且我国在社会经济和文化背景方面也与西方国家存在较大差异，所以国外对失独家庭的研究较少。部分学者主要从心理学角度做了分析，认为失独父母的心理问题会影响其生活，要想在后半生以正常的心理融入社会就要在心理上战胜自我（Sass，J. S, Mattson, 1999；Barrera M., Ainlay S.L, 1983；etc.）。

我国学者针对失独家庭的特点、结构、规模在面临的困境、社会保障、社会支持等方面进行了相关研究。王秀银等学者较早意识到计划生育政策潜在的负面后果，他们认为独生子女遇意外事故伤亡与其他类型子女伤亡有很大不同，并提出应在经济上补偿意外伤亡的大龄独生子女父母，并在精神上关爱他们（王秀银、胡丽君、于增强，2001）。尹志刚通过课题调研对北京市独生子女伤残、死亡家庭的现状进行了分析，进而提出了风险应对策略和救助建议。穆光宗（2009）系统分析了独生子女伤残、死亡家庭现象，他在《独生子女家庭的权益保障与风险规避问题》中，细致、深入地分析了独生子女家庭的权益保障和风险规避，认为独生子女家庭本质上包括了外源性和内源性两种风险，提出在独生子女家庭遭遇意外时的两种补救措施，即机遇性抢救、替代性补偿。张瑞凯深入剖析了此类家庭的现状、面临的具体困难及求助体系，并探索了独生子女家庭风险规避的对策。宋强玲认为大龄失独父母不仅要继续承受丧子之痛，更面临一系列的现实难题：疾病、医疗、养老等。陆杰华、卢镱逢分析了失独家庭扶助制度存在的问题并探讨了改革路径，认为政府虽然加大了扶助力度，但总体上却仍然存在着缺陷：权责关系缺位、扶助性质模糊、供需关系部分错位、公私关系变相分割等。

综观前人研究，学界为我们认识、解决失独家庭问题提供了很好的视角。但同时也可看出，既往研究存在以下 3 方面的不足：一是我国学者的研究主要聚焦在城市失独家庭，针对农村失独家庭的研究比较少，而专门针对农村失独家庭的社会保障及社会支持的研究更少。实际上，农村失独家庭将会面临比城市失独家庭更大的困难和风险，养老保障及社会支持问题也更加突出。二是缺乏对失独家庭的养老责任的分析，尚未提出较为完备的、系统化的制度构想。三是提案、建议的操作性不强，未能从实质上解决失独家庭的养老问题。鉴于此，本课题在研究中借鉴我国学者对城市失独家庭的相关研究成果，从我国农村老龄化、城镇化背景入手，科学分析农村失独家庭的结构、社会支持困境及社会保障需求，探究养老责任，进而探求针对我国农村失独家庭养老的社会保障、社会支持及制度体系建设。

二、研究意义

（1）我国农村具有与城市不同的特质，因而从城镇化、老龄化背景入手，综合考虑农村的实际情况，农村失独家庭的现实困境、社会保障及社会支持现状、社会保障需求，应用定性定量调查方法分析失独家庭的养老责任主体和制度建设，对构建合理的农村失独父母养老服务体系具有一定的应用价值。

（2）失独家庭的老人不但要承受各种心理煎熬，更面临着医疗、养老等一系列现实难题，能否解决好这类家庭的社会保障、社会支持问题，关系到能否成功应对我国农村老龄化难题以及实现社会的和谐。因此，本课题具有较强的现实意义。

（3）从已有研究来看，学界对于我国农村失独家庭的养老责任、制度等问题进行专题研究的较少，特别是缺乏在城镇化大背景下对上述问题的研究，尚未形成成型的研究结论和提出符合农村特质的建议。因此，本课题具有一定的前瞻性。

（4）本课题通过对"我国农村失独家庭"进行访谈和问卷调查，全面了解他们的真实困难及具体感受，进而分析养老责任主体，分析针对农村失独家庭的制度体系，并提出建立风险保障的具体建议，探索适合我国农村失独家庭的风险规避政策，以期创建长效的保障制度及社会支持体系。

三、研究样本

本课题的研究对象为农村失独家庭，研究区域定位于失独家庭数量较多的农村地区，与所在地计划生育部门（现卫健部门）合作进行抽样调查。在调研初期，课题组设计了《我国农村失独家庭的社会保障、社会支持调研问卷》（见附录），问卷主要涉及以下几个方面的内容：失独家庭社会人口学现状，包含年龄结构、家庭结构、身体健康状况、与家人的关系、家庭经济状况等；

社会保障现状及需求状况，包括领取失独家庭特殊扶助金的情况、参加社会保险和政策扶助情况等；社会支持状况以肖水源社会支持评定量表（SSRS）为基础，针对农村失独群体特征进行适当修改。

出于研究样本量及农村失独家庭分布情况考虑，课题组选择了湖南省益阳市南县农村、四川省仁寿县农村、重庆市丰都县农村作为调研区域，并根据当地计生部门、农村村委会提供的调研对象名单采用了不同的研究方法。由于个别省市的计生部门不便为课题组提供农村失独家庭的名单，因此，课题组改在能够提供较多调研对象的区域开展问卷调查和深度访谈，课题组先后调研农村失独家庭247户，按照每户调查1人的方法进行问卷调查，同时由调研员开展深度访谈。

2017年1月至2月，课题组以益阳市南县农村为调研地点。课题组出于调研的便利性、操作性，选派了来自湖南省益阳市的课题组成员带领3名调研员开展调研。南县是一个革命老区县，下辖12镇3乡，共有43个社区368个行政村。课题组采取由熟人互相介绍的方式，先联系熟悉的村委会领导，然后由该领导联系其他村领导，最终获得村委对农村失独家庭调研的支持。在当地领导的热情帮助下，课题组选定了三仙湖镇、麻河口镇、乌嘴乡3个乡镇开展调研，其中三仙湖镇有65户失独家庭，麻河口镇有35户失独家庭，乌嘴乡有41户失独家庭。课题组共调研141户，填答问卷141份，回收率100%。调研中有21个家庭的问卷有较多缺失值（调研过程中有的失独父母难以控制情绪，造成了调研数据不完整），因此按照废卷处理，最终获取120份有效问卷。

2018年7月至9月，课题组以农村失独家庭数量较多的重庆丰都县和四川仁寿县作为调研地点。课题组在这两个地区得到了很好的外部支持，当地卫健部门为农村失独家庭开展了较多的服务，具有很好的群众基础。在调研过程中，重庆市丰都县卫健部门的3位工作人员及成都信息科技学院社工系的1名教师、两位研究生与课题组人员一同前往失独家庭开展调研。在这两个县中，丰都县下辖30个乡镇（街道），共有306户失独家庭，其中有219户农村失独家庭，课题组选择6个镇进行了整群调研，共调研61户，发放问卷61份，回收61份。同样地，在仁寿县7个乡镇的农村共调研66户，发放问卷 66 份，回收 66 份。两地共调研 127 户失独家庭。

四、研究内容

本课题的关注点在于农村失独家庭所遇到的困境、社会保障、社会支持、养老责任等问题。因此，本课题的主要研究内容有以下四个方面：

第一，农村失独家庭的现状。包括日常生活中的困难、具体需求、养老困境和养老风险。课题组主要通过深度访谈、问卷调查及观察法了解这类家庭的经济及生存状况。在调研过程中，通过村委、村民、邻居等了解其他情况，进而分析实际困难、具体需求，以及面临的各种风险。

第二，农村失独家庭的社会支持、社会保障状况及农村失独家庭对社会支持和社会保障的期望。通过对不同地域的农村开展调研，了解各地农村来自政府部门、社会组织的正式支持；了解来自家庭、亲属、邻里的非正式支持；了解政府对于农村失独家庭的社会保障情况；并对这些地区的养老环境（包括养老政策、养老资源、养老文化、养老服务等）进行评估。

第三，分析我国农村失独家庭的养老责任主体，提出建立风险保障的具体建议，探索适合农村失独家庭的风险规避政策，创建一种整合性、可持续性的养老保障制度及社会支持体系。

第四，构建适合农村失独家庭的养老模式，完善相应的养老服务体系。这部分借鉴城市独生子女伤残或死亡家庭的研究成果，并结合农村及农村失独家庭的实情，提出针对农村失独家庭的养老模式，提出完善服务体系及社会支持的途径。

五、研究思路及研究方法

（一）研究思路

本研究采用理论与实证相结合、问题与对策相结合、学科之间相结合的方法，以"困境—责任—制度"为逻辑，对我国农村失独家庭的社会保障和社会支持问题进行了多角度、系统化的研究。研究思路见图 1-1，具体化为研究前准备阶段、研究实施阶段和研究总结阶段。

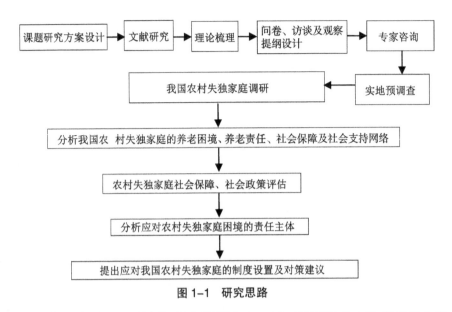

图 1-1　研究思路

　　在研究准备阶段，课题组研究课题方案，对于课题的各个阶段做好方案设计；通过梳理前人的研究及相关理论，设计出调研问卷及访谈、观察提纲，通过专家咨询后修改定稿。为了确保调研的顺利进行，对于设计出的问卷及访谈、观察提纲进行实地预调查，并根据调研反馈做好修正并定稿。

　　研究实施阶段，选取农村失独家庭较多的地域开展调研，课题组对成员适当分工分组，合作开展调研。出于调研的安全性及便利性考虑，课题组的每个调研团队由3人组成。实地调研结束后，每组负责人员组织组员整理问卷、访谈、观察材料并开展录入等工作，为撰写研究报告做好准备。

　　在课题研究总结阶段，遵循"困境—责任—制度"的研究逻辑，对调研材料进行分析。首先，分析我国农村失独家庭的养老困境、养老责任、社会保障及社会支持网络。其次，对农村失独家庭社会保障、社会政策进行评估。最后，提出应对我国农村失独家庭的制度设置及对策建议。

　　（二）研究方法

　　本课题的研究方法主要是资料分析和实地研究有机结合。为了系统、客观、全面地描述我国农村失独家庭的现状，了解老年失独父母在日常生活中遭遇的困难、具体需求以及求助体系和养老期望，本次调查以问卷调查为主，辅之以深度访谈和观察法。

1. 资料收集方法

（1）文献法。利用书籍、期刊、网络等资源，对农村失独家庭养老问题的文献资料进行收集。课题组锁定课题"失独家庭、困境、责任、制度"四个关键词，从失独家庭的内涵及规模、失独家庭的困境、失独家庭的社会保障政策、失独家庭的社会支持等方面进行文献梳理。

（2）问卷法。本研究的问卷内容包括基本情况、面临的困境、求助对象及养老期望、社会支持等。问卷设计时先进行文献研究，从中获取调研关键点，然后结合农村失独家庭的特点设置初步问卷，经过专家咨询后确定初稿，然后试调查，再定稿，再调研。

（3）访谈法。访谈对象包括失独父母、失独父母的邻居及村委会人员。为了弥补问卷的不足，在调研过程中，调研员对一些失独父母及其邻居、村委会人员进行了访谈，访谈内容主要包括失独父母的身体状况、遇到的困境、抚养第三代遇到的问题及社会支持等。

（4）观察法。观察法分为参与式观察和非参与式观察，本课题在研究过程中采用了非参与式观察。有的失独父母意识不到自己的困境或者风险，通过问卷和访谈也难以获得真实的答案，因此，采用非参与式观察法能够有效地弥补前述方法的不足，以便使获取的资料更为真实有效。

2. 资料分析方法

对收集的文献资料、问卷数据、访谈和观察材料采用定量和定性两种分析方法。

（1）定量分析。对回收的有效调查问卷进行统计分析，进而获得我国农村失独家庭的生存现状、养老需求、养老模式选择、社会保障、社会支持等数据。采用定量分析方法可探寻农村失独家庭面临的困境及所处的环境。

（2）定性分析。对查阅和调研所获得的文献、访谈、观察资料进行归纳，分析失独家庭的养老困境、养老风险、维权渴望、存在问题、养老期望、社会保障、社会支持等方面内容，确定应对农村失独家庭困境的责任主体，评估我国农村失独家庭的社会保障制度，从制度设置、多元协力、发挥专业功能等方面探寻农村失独家庭难题的解决路径。

第二章 概念界定及理论基础

本课题涉及农村失独家庭、社会保障、社会支持、社会支持体系等概念。课题组选取需求层次理论、生态系统理论、结构功能主义理论及社会支持理论作为理论基础。本章将对上述概念及理论进行清晰界定及论述，以确保课题理论分析与实证研究的可靠性与合理性。

一、概念界定

（一）农村失独家庭

根据《中华人民共和国人口与计划生育法》（2001）《中华人民共和国婚姻法》《中华人民共和国收养法》等法律法规，笔者将"独生子女"作如下概括：第一，夫妻双方只生育一个孩子或只有一个孩子存活的；第二，没有孩子的夫妇依法只领养一个孩子的；第三，社会福利机构抚养成人，没有兄弟姐妹的；第四，一对只有一个子女的夫妇离婚之后，其中一方依法和子女生活，没有再婚抑或和无子女的人再婚但没有生育的。本课题讨论的独生子女就是指上述范围中除第三种情况的群体。

对于失独家庭我国尚无统一界定。从政府层面说，2007年，人口计生委联合财政部颁布了《全国独生子女伤残死亡家庭扶助制度试点方案》，这一方案认为"扶助对象"应该包括四项必要条件：一是父母是1933年1月1日后出生的；二是女方需满49周岁；三是只生育一个子女或合法收养一个子女；四是现无存活子女或者独生子女被依法鉴定为伤、病、残达三级以上。这其中学界对"失独家庭"有不同的看法：第一，在失独到底是一个事件还是一个状态问题上，陈恩将"失独状态"判断法下的失独家庭界定为狭义失独家庭，即处于失独状态且未领养/再生育的家庭视为狭义失独家庭；将"失独事件"判断法下的失独家庭界定为广义失独家庭，即凡经历过独生子女死亡这一事件的家庭，不论其是否已经再生育/领养，都将其视作失独家庭。[1]第二，对"失"字的理解上存在狭义广义之分。狭义的"失"即死亡，周伟、米红认为"失独"即独生子女死亡的情况，失独家庭即独生子女死亡家庭。[2]穆光宗提出了"广义失独"的概念，所谓"广义失独"，即"失"不仅是指死亡，还包含了独生子女因残疾失去了自养和养老的能力成为父母的负担和独生子女失踪、不孝、与父母两地分居4种情况。[3]

　　总体看来，学界当前关于失独家庭的定义更偏向于"狭义失独"的定义，即"失独家庭"是指经历了事实上独生/独养子女死亡这一事件，并处在无子女状态的家庭。为了便于研究，经课题组讨论，在本课题中"农村失独家庭"为狭义概念，指生活在农村、户籍为农业户口的失去独生子女且未领养其他子女的家庭，即唯一健在的子女由于犯罪、疾病或意外事故等亡故，且该家庭在当前没有生育或收养其他子女的状态。

（二）有孙辈失独家庭

　　有孙辈失独，也有学者将其称为有三代失独（韩生学，2017）[4]、隔代失独[5]。课题组以"有孙辈失独家庭"为关键词在中国知网进行全文搜索，截至2019年12月，仅有1篇文献，换作"隔代失独家庭"进行搜索，有5篇文献。通过阅读可以发现，"隔代失独家庭"这一概念最早由袁珍提出，她在研究失独家庭的养老保障问题时对失独家庭进行了划分，她根据失独家庭有无第三代，将失独家庭划分为有隔代失独家庭和无隔代失独家庭。而后，刘军[6]和戴杰[7]也采用这一标准对其研究的失独家庭进行了划分。惠永强、康越通过研

[1]　陈恩.全国"失独"家庭的规模估计[J].人口与发展，2013（6）：100-103.

[2]　周伟，米红.中国失独家庭规模估计及扶助标准探讨[J].中国人口科学，2013（5）：2-9，126.

[3]　穆光宗.失独父母的自我拯救和社会拯救[J].中国农业大学学报（社会科学版），2015（3）：117-121.

[4]　韩生学.中国失独家庭调查[M].北京：群众出版社，2017：122.

[5]　袁珍.城市失独家庭养老保障研究：以南昌市为例[D].合肥：安徽财经大学，2013.

[6]　刘军.西安市失独家庭养老保障研究[D].西安：西北大学，2014.

[7]　戴杰.浙江省失独家庭养老服务研究[D].昆明：云南财经大学，2017.

究不同类型的失独家庭的社会保障政策困境，指出了"隔代失独家庭，也称"有三代"家庭，表现为"一老一小"或"两老一小"，即家庭结构为"一到两个失独的祖辈＋若干个丧父/母的孙辈"的家庭，居住形式上为祖孙共同居住生活。祖孙同居隔代失独家庭的产生一般是由于独生子辈去世后，其配偶因去世、失踪、重建家庭（续弦/改嫁）、外出务工等而无法承担对其子女（失独父母的孙辈）的监护责任，从而导致失独父母在经历了沉重的失独之痛后，还要肩负起养育其孙辈的重担。同时，也存在一定数量的祖孙分居的隔代失独家庭，即在独生子女去世后，孙辈与其父/母一方共同生活或独自生活 ❶，韩生学在《中国失独家庭调查》一书中提到福建的一对失独父母就遇到了独生子去世后，儿媳带着孙辈搬回娘家生活且不让爷爷奶奶看孙子/孙女的情况。

当前，"隔代失独"这一概念受群体规模的影响并没有像"隔代教育"一样为社会所广泛接受，"隔代失独"是不够直观的，无法让首次见到该概念的读者所了解，因此课题组认为，"有孙辈失独家庭"更适合用来概括"经历了独生子女死亡但仍有孙辈存活的家庭"。进一步讲，根据孙辈的数量，可以将有孙辈失独家庭划分为单孙辈失独家庭和多孙辈失独家庭；以孙辈居住的地点为标志，可将有孙辈失独家庭分为祖孙同居有孙辈失独家庭和祖孙分居有孙辈失独家庭，即前者孙辈仍与祖辈一同居住生活，后者孙辈不与祖辈共同居住生活。相应地，有孙辈失独父母也可以分为单/多孙辈失独父母、祖孙同居/分居失独父母。

（三）社会保障

社会保障（social security）是国际社会通用名词，但在不同的国家、地区会有不同的界定。有学者进行了统计，具有代表性的有 20 多种。

1935 年，美国颁布的《社会保障法案》首次明确提出了"社会保障"一词。国际劳工组织认为社会保障是社会通过公共措施对其成员提供的保护，目的在于防止公民由于自身或外在原因而导致的收入中断或者出现经济和社会困窘的情形，为此，国家对其公民给予医疗照顾并对有儿童的家庭提供适当的补贴。

---

❶ 惠永强，康越.不同类型失独家庭的社会保障政策困境与解决路径 [J].北京化工大学学报（社会科学版），2018（1）：52-57.

国内也有很多学者对社会保障进行了界定。赵仲杰将社会保障界定为：国家和社会通过立法对收入进行再分配，通过行政手段干预，主要包括社会保险、社会救济、社会福利、优抚安置以及社会互助几个方面的保障措施，以期实现改善民生、保障民生，以促进社会公平、保证社会良好运行的目标❶。社会保障是国家和社会依照法律规定给社会成员提供的基本生活保障。可见，社会保障是一种社会安全制度。

课题组认为社会保障是我国依法对社会全体公民的保障，这一国家社会政策能够有效助力社会公民并有效应对由于个人或者社会原因导致的经济或者社会困窘的境遇，社会保障制度能够有效提升我国公民的获得感、幸福感和安全感。

（四）社会支持

社会支持是指个体在社会互动中获得的支持与帮助，它能够减轻个体的心理压力，缓解精神紧张状态，进而提高社会适应能力。其来源包括政府、家人、邻里、朋辈群体、社会组织等。1987 年，在荷兰，范·德普尔开展了"个人支持网"研究，他认为社会支持可以分为"情感支持""实际支持""社会支持"三类，该研究描述了两个主要内容：一是个人社会支持网；二是社会支持网成员所扮演的角色。Cobb 指出讯息传递的过程即社会支持，在此过程中个人受到了关怀、爱及尊重，这一过程充满价值感，同时个人是某一个沟通网络的成员，在互动中与其他人彼此具有义务，因此通过互相支持促进个体应对危机并做出个体调适。索伊特（Thoits，1982）则提出社会支持是个人通过与他人互动而得到满足的基本社会需求。卡普兰（Caplan）认为社会支持的内容包括精神、知觉与物质等方面，是个人在团体中获得的，其获得的途径可以是正式或非正式的关系（Lin，1986）。社会支持是一个多维度的组成，对此个体会主观感受到他人的支持，感受到人际互动的价值、体会到亲人及他人的友爱；同时个体也能从他人那里获得有意义的物质、经济、劳务等客观实在。

综合相关界定，课题组认为社会支持可以分为实际支持和情感支持两个方面。实际支持是指物质、经济、劳务等客观实在的支持，比如物质形态的

---

❶ 赵仲杰.城市独生子女伤残、死亡给其父母带来的困境及对策：以北京市宣武区调查数据为依据 [J].南京人口管理干部学院学报，2009（2）：55-59.

米面粮油、资金等，劳务形态的打扫卫生、修缮房屋、医疗检查等。情感支持主要是他人给个体带来的心理上的帮扶，比如陪伴聊天、心理咨询、个案辅导、邻里劝解等。

（五）社会支持体系

不同的学者提出了关于社会支持体系的不同观点，课题组认为：社会支持体系，是生活在社会上的每一个人所感受到的他的全部社会关系网络的集合，是一个整体性的社会支持网络，是个体赖以获得支持的互动群体。如果从费孝通先生所讲的差序格局的视角看，社会支持体系不仅包括离个体较近的关系较为紧密的内群体成员，如父母、配偶、兄弟姐妹，也包括关系稍远的亲属；往外推演，则包括外群体成员，比如邻里、社区成员、社会组织、政府等。正是每个个体周边的他人、群体、组织构成了每个个体显现或潜在的社会支持要素，这些要素的组合集成了个体的社会支持体系。对于失独家庭父母而言，课题组认为政府、社会、企业和家庭这四个维度构建了失独家庭的社会支持体系。具体而言，政府包括中央政府和地方政府；社会层面包括村委会、非政府组织、自组织、邻里、志愿者、网友、朋友、大众传媒及社会公众等；企业主要指我国国有、民营等各类企业；家庭层面包括亲戚、已逝独生子女的配偶、失独父母等。

（六）责任

责任伴随人类的出现而出现，有社会就有责任，中外古今概莫能外。"责任"不仅是百姓的日常用语也是学界研究的关注点。在我国传统文化中，"责任"是两个字分开使用的。"责"在我国古代通"债"，包含"应该偿还""补偿"的含义。在随后的演变中，逐渐出现了"责备、斥责、自责""责罚""职责""索取、责求"等含义。"任"字，意为人际间的相互守信、承担、担当。后随着文化的延续，"责"与"任"含义逐渐接近，开始为社会各界整合使用。到现当代，"责任"这一词语解释为担当某一角色和职责；如做不好应做的事，应该承担过失。而对应汉语"责任"的英文"responsibility"表示为某人使某事发生的状态；被要求或期望完成的职责或任务；指个体分内应做的事，来自对他人的承诺、职业要求、道德规范和法律法规等；指没有做好自己工作而应承担的不利后果或强制性义务。

纵观中外古今对于责任的释义,课题组认为责任就是个体、群体或者组织该做某事或者不该做某事,责任产生于人类社会互动之中,是社会关系所致的承诺;责任往往与特定的角色相伴而生,是每一个角色应有的担当,因此,个体、群体、组织对于角色的领悟及实践直接决定了承担责任的程度。对于责任的意识和践行的过程就是责任感培养的过程,只有通过自我对于扮演的角色的正确领悟,角色扮演者才能很好地履行自己的职责,才能承担好所扮演角色的责任。而扮演某一角色的个体、群体或者组织,无疑就是其对应角色的责任主体,只有发挥好责任主体的主观能动性才能成功扮演其角色。从理论上讲,我国每一位公民都分享了执行计划生育政策而带来的人口红利,所以,每一个与农村失独家庭相关的角色,都可以说是责任主体。因此,从系统论的角度看,农村失独家庭相关的责任主体主要分为:政府、社会、企业和家庭4类,具体而言,政府包括中央政府和地方政府;社会层面包括村委会、非政府组织、自组织、邻里、志愿者、网友、朋友、大众传媒及社会公众等;企业主要指我国国有、民营等各类企业;家庭层面包括亲戚、已逝独生子女的配偶、失独父母等。只有这些与农村失独家庭相关的责任主体发挥各自的功能共同组成协力,才能帮助农村失独家庭有效应对所遇到的各种困境。

二、理论基础

(一)需要层次理论

"需要层次理论"首先出现在马斯洛的《人类动机理论》一文中。他认为人的需要由5个类别组成,与金字塔的形状类似,他按照满足的先后顺序,将需要从低到高依次分为:生理需要,它满足人的基本生存,这是第一层次的需要也是最低层次的需要;安全需要,包括身体健康、职业安全、生活稳定等,这是第二层次的需要;爱与归属的需要,这是第三层次的需要,比生理需要和安全需要更为高级;尊重需要,这是第四层次的需要,主要指自我尊重、对他人尊重以及被他人尊重;自我实现的需要,这是第五层次也是最高层次的需要。该需要指个人能够实现自我价值,能够最大限度地发挥潜能,个人真正感到对生活和工作的意义。❶然而,农村失独家庭得到的国家和社会

---

❶ 崔德华.养老服务业分类研究 [J].老龄科学研究,2015(6):58–65.

的帮助仅停留在最低层次的需要上，他们高层次的需要往往容易被忽略。因此本部分研究依据需要层次理论，兼顾农村失独家庭的生存性社会保障及发展性社会保障。

（二）失独家庭生命轨迹及所需服务 ❶

结合失独父母（也有相关研究称之为失独者）的生命周期，准确定位家庭是处于"暂时性失独"阶段，还是"永久性失独"阶段非常重要 ❷。失独父母的需求与家庭中的"失独节点"是相关的，如果失独家庭目前处于"暂时性失独"阶段，那么失独父母就有可能再生育或收养其他子女，这个阶段他们需要的是心理疏导、精神关怀、再生育以及收养政策和程序等服务。而如果失独家庭处于永久性失独阶段，那么他们不仅需要心理疏导和精神关怀服务，还需要现实的生活照料、经济保障服务。如果养育第三代子女是失独家庭的重心，那么除了提供以上的服务之外，还要提供养育知识、隔代语言沟通技巧的服务。总之，失独家庭的开始阶段不一定都有养老的需求，有助于我们更高质量、高效率地提供服务的关键是精准识别失独家庭所处的阶段 ❸。失独家庭的生命阶段及所需的服务见图 2-1。据相关数据显示，我国农村失独家庭数量巨大，是不容忽视的特殊群体。虽然农村失独家庭的具体数量还不确定，但一个事实是，失独家庭的总量还在增长，农村失独家庭的数量也势必随之增多。农村失独家庭的出现有其深刻的政策背景，关心、关爱、支持农村失独家庭既是国家对响应计划生育政策的农村家庭的补偿，同时也是农村失独家庭应该享有的权利。

---

❶ 赵仲杰，张道林. 人本主义视角下农村失独家庭的社会工作介入探究 [J]. 前沿，2019（3）：58-64.
❷ 穆光宗. "失独"三问 [J]. 人口与社会，2016，32（1）：31-37.
❸ 赵仲杰，张道林. 人本主义视角下农村失独家庭的社会工作介入探究 [J]. 前沿，2019（3）：58-64.

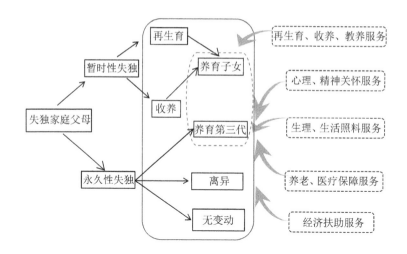

图 2-1 失独家庭的生命阶段及所需的服务

（三）生态系统理论

20 世纪 70 年代，系统理论诞生于科学发展的需要以及社会整合的需要双重影响下，在系统理论基础上衍生出来的理论之一是生态系统理论。该理论由布朗芬布伦纳（Urie Bronfenbrenner）提出，它主要用于考察人类行为和其所处环境间的互动关系，将人类成长所依赖的社会环境（例如，家庭、邻里、社区、机构、社会、国家等）看作一种社会性的生态系统。生态系统理论强调人与环境间各系统的相互作用及其对人类行为的重大影响，该理论注重"人在情境中"，既关注个人也关注环境，协调个人与环境二者间的互动关系。人们不断适应多变的环境，人们生存的社会环境包括家庭、机构、团体、社区等是生态系统理论的基本思想。人们改变环境的同时也被环境改变，本身依靠外界输入和有效输出从而维持系统的稳定。❶

生态系统理论认为个人是处于环境中并受到环境的影响的，个人与环境是不可分离的，人与环境构成一个统一的系统，在该系统中人与环境相互影响，并形成一种互惠性关系。该理论"生活中的问题"是服务对象的问题来源，而"生活中的问题"关涉个人自身所处的环境，是个人与环境间互动不协调，也就是调和度不佳导致的。课题组认为，从生态理论分析，对于农村失独父母而言，

---

❶ 范明林.社会工作理论与实务 [M].上海：上海大学出版社，2007：89-91.

其家庭环境、邻里环境、农村社会环境、国家环境对其走出阴霾、应对困境十分重要，为了调和好农村失独父母与周围环境的关系，除政府的救助外，个体、群体、社会组织均可以进行干预，来帮助他们整合资源，重新获得生存及发展需要的资源。

（四）结构功能主义理论

社会学历史中有着很长发展历史的理论之一就是结构功能主义，我们可以借鉴其中的一些重要理论观点来讨论农村失独家庭社会保障问题。帕森斯指出，整个社会系统由行动系统、有机体系统、人格系统和文化系统组成，其中包含了四项基本功能，即目标达成、适应、整合及模式维护。结构内的各部分都对整体发生作用，通过不断分化与整合，维持整体的动态的均衡秩序。● 因此，我们知道在计划生育政策大环境的社会体系下，独生子女家庭为符合行动系统的要求进行生育的选择，其本身承担着面临失独的风险。失独家庭在结构上由稳定的三角家庭变成了缺损的家庭。我们知道，社会系统中的细胞之一便是家庭，家庭的不完整、功能缺失，导致整个社会系统受到影响，导致整个社会系统出现社会问题。所以，"失独"的影响不仅损坏了家庭结构，破坏了家庭关系，还破坏了部分家庭功能。我们必须帮助失独家庭修复家庭结构，完善缺失的家庭功能，转移生活重心，这样才能保障他们正常有序地生活。

（五）社会支持理论及其应用

20世纪70年代，精神病学家、心理学家和社会工作者首先发起了关于社会支持的研究，社会支持网与个人健康状况的关系是它最初的研究重点，随后逐渐发展到研究社会支持网本身。

1. 社会支持理论

（1）社会支持的内容

由于研究目的不同，国内外的专家学者虽然在社会支持的内容看法上差异很大，但都给出了社会支持的概念。根据人们所接受到的社会支持本质的异同，则会表现出不同的社会支持形态。吴佳贤在其论文中将社会支持归纳为下列三种类型：工具性社会支持、信息性社会支持、情绪性社会支持。

● 帕森斯. 社会系统 [M]. 天津：天津人民出版社，2005（1）：78-85.

工具性社会支持（instrumental social support）：实质接收到的帮助或协助，比如物质与经济上的帮助或社会资源的支持等。

信息性社会支持（information social support）：为案主的问题和疑惑提出相应的解决措施或者是自己的想法，以便案主能够得到相应的答案。包括但不限于建议、想法和反馈等，例如，当生病时，由医师处得到治疗的信息。

情绪性社会支持（emotional social support）：在情绪上能够得到被关心的感觉，这种感觉是通过别人的语言和倾听获得的。

（2）社会支持的来源

陈凯琳在论文中指出，国内外专家学者在研究社会支持时，基本上都将社会支持的来源分为两类，即非正式支持系统和正式支持系统。

①非正式支持系统（informal social support system）

一种非结构的结合所产生的社会连接，关系的维持是通过个别需求的满足完成，主要通过家人、亲朋好友、邻居或同事等认识的人来维持日常生活或情绪上的支持或协助，非正式支持系统还被称为初级支持系统（the primary support system）。

②正式支持系统（formal social support system）

尤指具有特定目标的专业机构或组织，通过组织本身的特质与目标来提升面临困难的个人和家庭的福利。政府机构、社会福利机构、宗教团体或社会团体通常被看作正式的支持系统。正式支持系统也被称为次级支持系统（the secondary support system）。

因此，综合上述对于社会支持相关文献的探讨得知，课题组认为社会支持是个人处在整个社会网络当中，所需要的来自包括亲属、朋友、同事等的非正式的支持网络与来自政府、社会组织等的正式支持网络所提供的物质、精神、心理等方面的支持。

2.社会支持理论的应用

中外专家学者广泛研究与讨论了与社会支持相关的议题。最早应用"社会支持"的科学领域研究是社区心理学和流行病学，社会支持在上述两个领域的含义是指为了接受支持因素的接收者增强其自身健康而进行的个体间的资源交换，从而形成一种提供者和接受者之间的社会支持。

早期的专家学者在研究社会支持的应用时，把社会支持当作个人从身边的人那里获得的一般资源。然而，这种资源只能帮助个人解决日常生活中的一般危机性问题。在此之后，又有专家学者研究社会支持是否有利于个人的身体健康和幸福状况，与此同时还研究社会支持与人类生命长短之间的关系。由此可见，在这些专家学者眼中，社会支持即个人遇到一般问题或者其他需要时来自于其他个人的同理心以及资源的支持和资助。而上述支持和资助能够满足社会中个人的需要，从而达到社会支持的目的即减轻压力。

20世纪末，欧美国家重点研究社会支持的网络构建及社会支持关系网络如何作用于个人，也就是说社会支持的应用重心发生了改变。专家学者的研究发现，社会支持关系之所以存在不是由于两个人之间存在关系，而且社会支持也不只有一种类型。因此可以得出以下结论，即如果一个人想全面保障自己的社会支持，那么就需要与各式各样的人沟通交流以建立全面的社会关系。

21世纪，社会支持应用在原有的基础之上增添了新的时代特征。现代社会是风险社会，也是弱肉强食的社会，在分配社会资源时，处于弱势的群体容易缺乏基础保障，长此以往就会威胁社会的有序发展和长期稳定。所以，社会学重新界定了以社会互助关系为关键的社会支持网络概念。换句话说，就是要通过构建社会支持网络来支持和帮助社会上的弱势群体。

从上述社会支持应用的领域看，构建社会支持网络不仅与一个家庭体系的完善相关，还需要考虑家庭体系之外的社会资源和社会组织。正式和非正式的社会资源在社会支持的过程中并不由单方提供帮助，更多的是一种社会支持关系的交换。这种交换思想强调：社会支持的成功或者不成功，不是依靠单向的、唯一的支持，也不是支持者对于接受者的单向度支出，而是需要二者互相支持、相互作用。

（六）增权理论及其工作模式

1. 增权理论的定义

对于增权理论，不同的学者有不同的定义。大多数学者比较认可古铁雷斯等人的定义，认为定义权力的方式可以归纳为以下三种：第一，获得所需要的资源的能力；第二，影响他人思考、感受、行动或信念的能力；第三，

影响资源在诸如家庭、组织、社区或社会等社会系统中分配的能力。❶

　　同时，古铁雷斯和刘易斯认为：权力赋予人们影响其生活过程的能力、与他人共同控制公共生活的能力，以及加入公共决策机制的能力；另外，权力也可以被用来阻碍被刻上耻辱烙印群体的各种机会、把其他人及他们的关注排斥出决策，以及控制他人。❷

　　因此权力的运作包括三个环节：第一，权力通常等同于个人的适应能力或才能；第二，个人的权力感和作为人类的积极的自我概念等密切相关；第三，权力一般是以一种循环的方式发挥功能。

　　由此，我们得出对增权的操作性定义为：第一，增权是一种理论和实践，主要是处理权力、无权、压迫如何造成个人、家庭以及社区问题及影响助人关系的议题；第二，增权的目标是要增加个人、人际以及政治权力，使个人、家庭或社区能够采取行动去改善其处境；第三，增权是一个过程，其可以发生在个人、人际和社区等不同层面；第四，增权主要是通过建立信任关系、构筑支持网络、提升意识、传授技巧等多种介入方法发生；第五，增权实践的目标不仅是适应，还包括服务对象或社区实际权力的增长，以使他们能够采取行动防止问题的发生，改变其面临的困境。

　　2.增权理论的工作模式

　　（1）特点

　　增权理论的核心理念是，始终把案主看作是具有多种能力和潜力的个人、家庭、群体和社区，无论其可能或者事实上多么无能力、被贬低或自我毁灭。因此，社会工作者与案主之间的关系是以案主的特殊能力、资源和需求为前提，并支持案主或案主群，使其日常生活更加有报酬性和在与他人的伙伴关系中施加共享的权力。这种伙伴关系的目的是鼓励案主在追求和巩固提升自尊、健康、安全、个人及社会权力等的过程中充分利用他们自己的强项。

---

❶　范明林．社会工作理论与实务 [M]．上海：上海大学出版社，2011.
❷　范明林．社会工作理论与实务 [M]．上海：上海大学出版社，2011.

（2）工作模式

增权理论的工作模式如图 2-2 所示，工作人员在专业价值和专业理论的基础上，通过和服务对象的彼此认可建立起相互信任和影响的关系，并通过这种专业关系实现对服务对象的增权，其实践架构主要包括：①问题的界定与评估。主要是对服务对象的问题进行相应的界定，评估工作人员的能力是否满足服务对象解决问题的需要。②目标确定。主要是对服务的目标进行确定，通过工作人员和服务对象共同协商确定增权服务的目标。③角色承担。主要是确定工作人员和服务对象各自在专业关系中承担需要承担的角色。④介入策略和技术。主要是在确定问题、目标和相应的角色之后，对相应的介入策略和技术进行分析和选择。⑤评估。最后是对整个服务效果的评估，评估是否完成服务的目标，反思其中存在的优势和不足，以为下次服务提供经验。

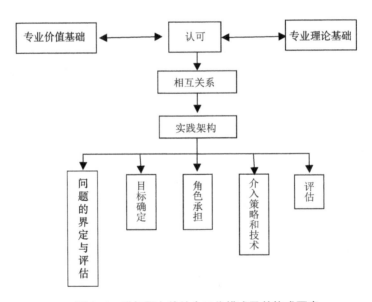

图 2-2　增权取向的社会工作模式及其构成要素

第三章　文献综述

对于失独家庭这一群体，目前学界做了较为丰富的研究。近十几年来，国内学者主要从失独家庭的概念、失独家庭的规模，以及面临的困境、社会保障、社会支持及应对策略等角度进行研究。由于我国的独生子女家庭在成因、数量、结构以及社会经济和文化背景方面都与西方国家存在较大差异，因而国外对失独家庭进行的研究较少。本章先分析我国学界对于失独家庭的研究，再分析国外对于失独家庭的研究，然后以文献评述的方法开展文献研究。

一、失独家庭的内涵及规模现状

从文献可以看出，国内许多学者都在文章中对"失独家庭"进行了界定，但随着政策的变化也有一些不同的声音。概言之，主要有 3 类观点。第一类是穆光宗[1]提出的"计划生育无后家庭"概念，指 20 世纪七八十年代始，响应国家计划生育政策的家庭，唯一的孩子去世后，已经不再是生育期的家庭。第二类是谢勇才[2]等提出，"失独家庭"是指独生子女去世后，父母年龄大多在 50 岁以上，不能再生育且不愿意收养子女的家庭。第三类观点体现了部分学者关于失独家庭的定义，即无论父母是否达到补助年龄，只要家中的独生子女已经去世、只要经历过失独这一事件就算失独家庭。

关于失独家庭的规模，虽然失独问题近年来越发严重，但截至目前，我

---

❶ 穆光宗. 独生子女家庭本质上是风险家庭 [N]. 中国社会科学报，2011-11-03（7）.

❷ 谢勇才，黄万丁，王茂福. 失独群体的社会救助制度探析——基于可持续生计角度 [J]. 社会保障研究，2013（1）：72-79.

国并没有相关权威部门公布国内失独家庭的具体数量，因此国内失独家庭的数量主要由学者、专家依据相关人口统计数据进行推算而来。早在 2003 年，翟振武研究指出当时全国有 8000 万独生子女，以当时 5.4% 的 25 岁前死亡率计算，将有 432 万独生子女家庭遭遇失独之痛[1]。杨书章、王广州根据第五次人口普查的数据，估算出 2007 年末我国 30 岁以下独生子女约有 1.5 亿[2]。王广州又根据死亡人口年龄结构计算出约有 5.1% 的人会在 30 岁前死亡[3]。《中国老龄事业发展报告（2013）》显示，截至 2012 年，中国已经有至少 100 万户失独家庭，并且每年新增 7.6 万户[4]。王广州以 1990 年、2000 年和 2010 年人口普查数据为基础，估计 2010 年全国独生子女总量在 1.45 亿左右，累计死亡独生子女超过 100 万，若不考虑之后人口政策调整等因素，到 2050 年，无论是 5 岁还是 10 岁及以上累计死亡独生子女总量都将超过 1100 万人，并且年均死亡独生子女数量也将不断增加，2028 年每年死亡 10 岁及以上独生子女超过 20 万人，2050 年超过 55 万人[5]。周伟、米红指出，城乡独生子女数量差异很明显，2010 年全国农村独生子女数量为 7949 万人，而城镇的独生子女数量为 9927 万人。虽然城镇独生子女的规模远大于农村独生子女，但调查显示，城市独生子女死亡率远小于农村独生子女。农村失独家庭为 158.57 万户，城镇失独家庭为 82.69 万户。全国农村 49 岁以上的失独父母为 55.3 万人，城镇 49 岁以上的失独父母为 26.8 万人。[6]国家统计局人口和就业统计司课题组的研究一定程度上印证了周伟的结论，发现农村万名独生子女母亲中的失独人数是城镇的 1.68 倍，且中西部农村的失独风险更高。[7]虽然在独生子女数量上农村少于城市，但在失独的数量上农村却大大超过城市，农村独生子女家庭面临着比城市更大的失独风险。由此可见，农村失独家庭需要政府和社会更多的关注，农村失独家庭的社会保障体系应该建立得更加完善。

[1] 翟振武.全面建设小康社会与全面解决人口问题 [J].人口研究，2003（1）：1-4.
[2] 杨书章，王广州.一种独生子女数量间接估计方法 [J].中国人口科学，2007（4）：58-64，96.
[3] 王广州.中国独生子女死亡总量及未来发展趋势估计 [J].人口研究，2009（1）：10-16.
[4] 吴玉韶.中国老龄事业发展报告（2013）[M].北京：社会科学文献出版社，2013.
[5] 王广州.独生子女死亡总量及变化趋势研究 [J].中国人口科学，2013（1）：57-65，127.
[6] 周伟，米红.中国失独家庭规模估计及扶助标准探讨 [J].中国人口科学，2013（5）：2-9，126.
[7] 国家统计局人口和就业统计司课题组.中国失独妇女及其家庭状况研究 [J].调研世界，2015（5）：3-8.

二、关于失独家庭困境的研究

失独对于一个独生子女家庭而言可谓最不能承受之痛,失独家庭在经历失独这一事件后,面临许多困境。学界对于失独家庭困境的研究颇丰,课题组依据困境的类型对目前关于失独家庭困境的研究进行梳理;通过了解学界比较视角下的失独家庭研究,发现目前已知的失独家庭与子女健在家庭以及不同类型失独家庭的差异;最后梳理学界在功能与性别视角下的研究。具体研究呈现如下。

(一)类型视角下的失独家庭困境的研究

第一,健康困境。首先是心理健康的困境,唯一子女的去世首先会对父母造成心理和精神上的冲击,北京大学人口所课题组研究发现,在独生子女去世后,失独者存在悲痛、自闭、绝望、后悔、补偿、恐惧 6 种心理状态[1]。整体上来看,失独者的心理状况堪忧,赵嘉欣调查了杭州市 1678 位失独者,发现失独者 SCL-90 的躯体化、抑郁、焦虑、恐怖等因子及总分均高于常模,表明失独者患心理疾病的风险高于一般人群[2]。在易感心理疾病方面,学界当前研究表明失独者是抑郁症、焦虑症、创伤后应激障碍(PTSD)的易感人群[3][4]。

心理健康是身体健康的一部分,心理的长期不适,对于身体机能也会产生一定的负面影响。杨晴调查发现,苏州市的 281 户失独家庭中,健康状况良好的人只占 20.5%[5]。身体健康的程度与年龄密切相关,"全国政协委员袁伟霞通过对一个失独者组织成员进行调查后发现,这一组织中有 90% 的成员年龄在 50 ~ 60 岁,其中,半数成员患有高血压、心脏病等老年慢性疾病,患癌症、瘫痪等重大疾病的比例高达 15%"。[6]

❶ 北京大学人口所课题组.计划生育无后家庭民生关怀体系研究——以辽宁省辽阳市调研为例[J].中国延安干部学院学报,2011(5):50–60.
❷ 赵嘉欣.杭州市失独家庭心理健康评估及干预策略研究[D].杭州:杭州师范大学,2016.
❸ 陈雯.从"制度"到"能动性":对死亡独生子女家庭扶助机制的思考[J].中共福建省委党校学报,2012(2):114–120.
❹ 李秀.失独者悲伤调试及其本土化干预模式研究[D].南京:南京中医药大学,2014.
❺ 杨晴.失独空巢家庭的社会支持体系研究——以苏州为例[D].苏州:苏州大学,2013.
❻ 金辉华,王海琴,姬文慧.城市失独家庭父母精神困境问题研究进展[J].健康教育与健康促进,2017(1):66–68.

第二，情感婚姻困境。独生子女去世或将导致失独家庭夫妻情感危机，赵仲杰发现："独生子女家庭完整的三角形结构缺损甚至瓦解，夫妻之间往往会因为孩子的事互相指责或埋怨对方，导致夫妻关系破裂甚至家庭解体。"[1] 学者张必春指出"独生子女死亡后失独父母夫妻之间最明显的变化就是性生活质量下降"[2]，而性生活的质量与夫妻之间的亲密程度、信任感等有着密切的联系，因此，子女去世将导致夫妻之间性生活减少，对夫妻情感关系也有着一定的负面作用。

第三，经济困境。首先，独生子女本身就是家庭重要的人力投资资本，他们的去世意味着家庭多年来的投资的消失，丁志宏指出："无论父母对独生子女人力资本投资有多大，死后，独生子女所有人力资本立刻消失。"[3]其次，大龄独生子女极有可能是其家庭收入的重要贡献者，他们的去世意味着家庭中重要劳动力的丧失，这对于经济不宽裕的家庭来说将是一个极大的挑战。学界研究发现大部分失独家庭不论城乡，经济均存在困难，失独家庭人均收入较低且经济来源单一，难以余下养老钱[4][5][6][7]。

第四，社会保障困境。发达地区与落后地区对失独家庭的保障水平是不同的，但无论前者还是后者都存在着一定的问题。在发达地区方面，研究发现失独群体社会保障存在法制法规不健全、保障内容碎片化、覆盖面窄、扶助形式和责任主体单一、精神慰藉空位、保障水平差异性大、各地失独群体社会保障试验混乱、政府责任缺失的问题[8][9][10]。在农村方面，管鹏、张云英研

[1] 赵仲杰. 城市独生子女伤残、死亡给其父母带来的困境及对策——以北京市宣武区调查数据为依据 [J]. 南京人口管理干部学院学报，2009（2）：55-59.
[2] 张必春，刘敏华. 绝望与挣扎：失独父母夫妻关系的演变及其干预路径——独生子女死亡对夫妻关系影响的案例分析 [J]. 社会科学研究，2014（4）：104-111.
[3] 丁志宏，祁静. 如何关注"失独家庭"养老问题的思考 [J]. 兰州学刊，2013（9）：70-75.
[4] 洪娜. 独生子女不幸死亡家庭特征对完善计生工作的启示——以苏州市吴中区为例 [J]. 南方人口，2011（1）：14-18，47.
[5] 方曙光. 社会政策视阈下失独老人社会生活的重新建构 [J]. 社会科学辑刊，2013（5）：51-56.
[6] 沈长月，夏珑，石兵营，等. 失独家庭救助与社会支持网络体系研究 [M]. 上海：华东理工大学出版社，2016：23.
[7] 丁志宏. 中国老年人经济生活来源变化：2005～2010[J]. 人口学刊，2013（1）：69-77.
[8] 王茂福，谢勇才. 失独群体的社会保障问题探析——以北京模式为例 [J]. 兰州学刊，2013（7）：91-96.
[9] 谢勇才，王茂福. 我国发达地区失独群体社会保障模式比较与对策研究 [J]. 学习与实践，2014（11）：107-114.
[10] 谢勇才，王茂福. 论我国失独群体社会保障中的政府责任 [J]. 中州学刊，2015（1）：68-72.
[11] 尹娜. 失独家庭的社会保障问题研究——以济南市 S 区为例 [D]. 济南：山东大学，2017.

究发现农村失独家庭存在养老保障不足、精神保障不完善、医疗保障不健全的情况。❶

第五，养老困境。养老困境是诸多因素共同作用的结果，除去上文中丧子之痛导致无心养老、家庭情感困境和家庭解体导致无家养老、经济困境和社会保障困境导致的无钱、无人养老，养老困境还体现于养老中生活照料的缺位。"养儿防老，积谷防饥"是我国重要的传统观念，子女在父母养老中扮演着极为重要的角色，这主要体现在两个方面：第一，子女是父母养老的重要照顾者，"对独生子女死亡的父母而言，在独生子女——唯一的养老支持——丧失后，他们即使有退休金也失去了生活照料和精神慰藉者"；第二，因养老院收费高且失独者没有担保人（一般是子女），失独父母入住养老院存在困难❷❸。

第六，社会融入困境。社会融入困境同样是诸多因素共同导致的，学者方曙光指出，失独老人的社区融入情况堪忧，表现为"缺乏社区融入，导致其社会生活的断裂""失独老人与他人和社区社会交往'脱域'的社会主动'撤离'现象"，且在宏观上遭遇到政策、经济、文化、社会四个维度的社会隔离与排斥，形成自我隔离和被隔离的情况❹❺❻。张必春、柳红霞指出失独组织存在内卷化的现象，失独组织在给予失独父母一定的情感支持的情况下也给他们的社会融入造成了一定的障碍❼。胡叠泉研究发现失独家庭的社会隔离现象主要表现在话语资本的丧失（社交中说话没有底气、谈到子女容易崩溃）、社会关系网络的萎缩和印象标签（自我否定和社会排斥印象）的建构三方面❽。

---

❶ 管鹏，张云英.农村失独家庭社会保障问题研究综述——基于2001—2015年国内文献[J].社会福利（理论版），2016（1）：56-61.

❷ 孙炜红.失独家庭养老困境研究[J].四川理工学院学报（社会科学版），2014（4）：26-31.

❸ 冉文伟，陈玉光.失独父母的养老困境与社会支持体系构建[J].新视野，2015（3）：106-111.

❹ 方曙光.断裂、社会支持与社区融合：失独老人社会生活的重建[J].云南师范大学学报（哲学社会科学版），2013（5）：105-112.

❺ 方曙光.社会政策视阈下失独老人社会生活的重新建构[J].社会科学辑刊，2013（5）：51-56.

❻ 方曙光.社会排斥理论视域下我国失独老人的社会隔离研究[J].江苏大学学报（社会科学版），2015（3）：73-78.

❼ 张必春，柳红霞.失独父母组织参与的困境、内在逻辑及其破解之道——基于社会治理背景的思考[J].华中师范大学学报（人文社会科学版），2014（6）：31-39.

❽ 胡叠泉.失独家庭社会隔离现状及形塑机制分析[J].三峡论坛（三峡文学·理论版），2019（2）：98-103.

（二）比较视角下的失独家庭困境的研究

比较视角下，学者们通过对比失独家庭与子女健在家庭、失独家庭内部的不同类型，发现他们在困境上存在差异。

在失独家庭与子女健在家庭的比较研究中，生活质量方面，在一项对841名失独家庭夫妇和674名子女健在家庭夫妇的对照研究中呈现出失独家庭的生活质量低于非失独家庭的情况[1]。身心健康方面，失独者的身心疾病患病率高于一般人群，在2015年的一项对照研究中，发现调查的186名失独者比200名非失独者心理健康水平低[2]；赵嘉欣调查发现，1678名失独父母中大多数人出现了比常人更多的躯体化症状。失独者在失独前后的变化也反映出失独者与子女健在者之间的差异，华北电力大学"失独家庭社会支持体系构建课题组"在对河北省三市的调查中发现，失独后的家庭经济状况、社会交往状况、身心状况要差于失独前[3]。

在失独家庭内部，学界主要以地理空间、再生育能力与意愿，以及是否有孙辈为标准，将失独家庭分为临时性失独家庭和永久性失独家庭、城市失独家庭和农村失独家庭、隔代失独家庭和非隔代失独家庭，并进行对比研究。

在城乡二元体制下，城市失独家庭和农村失独家庭的处境有所不同。虽然有大量的文献对城市和农村失独家庭分别进行了研究，但截至目前关于城乡失独家庭的对比研究仍比较少，城乡失独家庭在困境、需求上存在怎样的差异尚待分析。

王娟娟、周晶在研究失独家庭风险转移与演变时对城乡失独家庭进行了简要的对比，指出城市失独家庭受到城市更完善的社会救助、保障体制的影响，抗风险能力高于农村；在需求上，农村失独家庭更需要经济援助，城市失独家庭对心理慰藉的需要比较明显[4]。

暂时性失独家庭和永久性失独家庭在困境上也存在区别，惠永强、康越

---

[1] 谢聪，倪小玲，张海芬，等.失独家庭夫妇生活质量和心理卫生状况对照研究 [J].重庆医学，2017（36）：5145-5148.

[2] 杭荣华，陶金花，张文嘉，等.失独者的心理健康状况及其影响因素 [J].皖南医学院学报，2015（4）：398-401.

[3] 沈长月，夏珑，石兵营.失独家庭救助与社会支持网络体系研究 [M].上海：华东理工大学出版社，2016：23.

[4] 王娟娟，周晶.失独家庭风险转移与演变内在机理分析 [J].理论月刊，2016（3）：133-137，143.

依据出生年代将失独家庭分为三代，第一代失独父母平均年龄为 59.5 岁，基本都属于永久性失独家庭，面临着养老和精神慰藉双重困境；第二代失独父母平均年龄为 34 岁，绝大多数属于暂时性失独家庭，相比于第一代失独家庭，他们的养老和健康困境并不凸显，但第二代失独父母还需赡养老人，存在一定的精神慰藉需求和经济困境；第三代失独父母为 1983 年后生人，属临时失独家庭，面临的主要为心理困境❶。王娟娟、周晶指出，我国当前领养条件复杂、手续烦琐，有领养意愿的永久性失独家庭因经济和精神状况不符合领养条件，会在领养中遭遇难题❷。

隔代失独家庭与非隔代失独家庭面临的困境也各有其特点。"隔代失独家庭"是指独生子女在生育孩子后去世，留给祖辈一个或一个以上孙辈，且祖辈无再生育/领养的家庭。首先，在心理健康方面，研究发现❸❹有孙辈可以降低失独父母罹患延长哀伤障碍的风险（prolong grief disorder，PGD，也称复杂性哀伤，complicated grief disorder，CGD）。其次，孙辈对失独父母而言意味着希望，意味着对亡故子女的精神寄托，有学者研究指出，隔代失独父母可以将失独之痛转移到抚养孙辈上来，也不会被冠上"无后"之名❺❻；潘金洪、胡创奇、郝仁杰、王峰研究发现，有孙辈且能探望有助于失独父母走出失独痛苦，因此孙辈探望权对隔代失独家庭而言至关重要❼，然而在王峰调查的 196 位隔代失独父母中有 48 位探望孙辈存在障碍❽。然而，并非探望顺利就意味着万事大吉，对于那些需要承担孙辈抚养的失独老人，他们将面临孙

❶ 惠永强，康越.不同类型失独家庭的社会保障政策困境与解决路径[J].北京化工大学学报（社会科学版），2018（1）：52-57.
❷ 王娟娟，周晶.失独家庭风险转移与演变内在机理分析[G].理论月刊，2016（3）:133-137，143.
❸ 尉玮，王建平.失独父母病理性哀伤的检出率、共病与风险因素[G].第十一届全国心理学学术会议摘要集，2018-11-02.
❹ 文军，史光远，徐鑫，等.失独父母心理健康状况风险因素分析：一项全国性横断研究[G].第十一届全国心理学学术会议摘要集，2018-11-02.
❺ 毛家慧.江西省失独家庭社会风险防范问题研究[D].南昌：江西财经大学，2017.
❻ 李平菊，夏珑.失独者积极心理创伤疗愈的过程及启示——以在河北省3个市的调查为基础[J].中国社会工作，2017（31）：31-32.
❼ 潘金洪，胡创奇，郝仁杰.失独者走出哀伤困境的影响因素分析——基于1084位失独者的调查[J].人口与发展，2018（5）：72-83.
❽ 王峰.我国失独者权益保障制度供给研究[D].北京：对外经济贸易大学，2017.

辈的抚养、教育和教育支出所导致的经济压力以及祖孙关系问题❶❷。

（三）功能视角下的失独家庭困境的研究

结构决定功能，独生子女是家庭人口结构的重要部分，对于发挥家庭功能具有至关重要的作用。独生子女的离世使得家庭金三角结构发生崩塌，失独家庭结构从稳定结构瓦解为失独父母之间的单边关系。

杨宏伟、汪闻涛指出，失独使家庭的生育功能、抚育赡养功能、经济功能、社会功能严重受损。❸张必春、陈伟东研究发现，"独生子女死亡后，家庭的情感功能、经济功能出现弱化的趋势，社会化功能、健康照顾功能消失"，并且家庭传承系统的中断和自我调节功能的失效给家庭稳定性带来了很大的冲击。❹郭庆、孙建娥研究发现，独生子女去世后家庭的内外部资源组织功能受损，其中内部资源组织功能受损主要表现为家庭功能数量减少、经济功能受损、生活照料和情感慰藉功能消退，外部资源组织功能受损表现为嵌入在社会网络中的资源难以利用、社会关系自边缘化和被边缘化的问题。❺

（四）性别视角下的失独家庭困境的研究

将性别视角引入失独家庭研究的学者较少，方曙光在对淮南市290位失独父母的调查中发现，性别对失独者生活的重建有显著影响，失独老年女性比男性更难以重新开始新的生活，然而至于原因为何却并未进行分析。沈庆群对安徽某市失独者的社会融入问题进行了性别对比研究，发现120名女性研究对象与80名男性研究对象相比在社会融入方面存在更大的困境：在经济上，女性因工作受性别歧视和早退休的制度原因，经济收入低于男性；在社会关系上，女性失独后比男性更不愿参与社会交往活动，甚至主动退出社交圈；在婚姻状况上，受"传宗接代"观念的影响，失去生育能力的女性很容易"被离婚"；在健康状况上，女性失独者健康状况弱于男性失独者，原因可能是由于女性偏感性，失独对女性心理上的伤害会更大，心理压力造成身体健康

❶ 魏璐，董柠其，钟丝怡，等.失独家庭扶助政策供需差异性研究 [J].管理观察，2017（1）:182–185.

❷ 顾潇.萨提亚治疗模式在失独老人与孙辈关系调适中的应用研究：以南京市Z失独家庭为例 [D].南京：南京农业大学，2016.

❸ 杨宏伟，汪闻涛.失独家庭的缺失与重构 [J].重庆社会科学，2012（11）：21–26.

❹ 张必春，陈伟东.变迁与调试：失独父母家庭稳定性的维护逻辑——基于家庭动力学视角的思考 [J].华中师范大学学报（人文社会科学版），2013（3）：19–26.

❺ 郭庆，孙建娥.从拔根到扎根：家庭抗逆力视角下失独家庭的养老困境及其干预 [J].社会保障研究，2015（4）：21–27.

状况较差；在心理融入状况上，失独女性的融入情况也弱于男性；在非失独群体的容纳度上，女性失独者更容易受到非失独群体的排斥，表现为对失独女性的高度同情和"报应"文化下对失独女性的标签化 ❶。

三、农村失独家庭的社会保障政策研究

2004 年，人口和计生委、财政部关于印发《农村部分计划生育家庭奖励扶助制度试点方案（试行）》的通知，对于农村符合计划生育政策的家庭做出了明确的规定，该规定表明农村计划生育额特殊家庭在夫妇年满 60 周岁以后，给予每年均不低于 600 元的奖励金，由中央或地方财政安排专项资金。2007 年，人口计生委、财政部印发了《全国独生子女伤残死亡家庭扶助制度试点方案》❷，规定政府将在全国范围内试点对独生子女伤残死亡家庭发放扶助金。2008 年，经过一年的试点工作，人口计生委、财政部将独生子女伤残死亡家庭扶助制度正式更名为计划生育家庭特别扶助制度，正式在全国范围内进行此项扶助制度❸。由于之前存在扶助标准过低，或者执行不到位的情况，自 2009 年 1 月 1 日起，扶助金提高到每人每年不低于 720 元。这是最早关于扶助金标准的国家政策❹。另外，经国务院同意，根据人口计生委、财政部《关于将符合规定的"半边户"农村居民一方纳入农村部分计划生育家庭奖励扶助制度的通知》（人口政法〔2011〕53 号），自 2011 年开始，将"半边户"纳入农村奖励扶助制度。2013 年，国家卫计委、民政部、财政部、人力资源社会保障部、住房和城乡建设部五部门联合下发通知，从养老保障、医疗保障、经济救助、社会关怀等多方面帮扶计划生育特殊困难家庭。❺

（一）农村失独家庭社会保障问题研究

很多专家学者从社会保险、医疗卫生、社会救助、养老保障、社会服务、

---

❶ 沈庆群.失独女性社会再融入问题思考——基于安徽某市 120 名失独女性与 80 名失独男性比较研究 [J] 怀化学院学报，2017（3）：58-65.

❷ 国家人口计生委，财政部.关于印发《全国独生子女伤残死亡家庭扶助制度试点方案》的通知（人口发〔2007〕78 号）[Z].2007-08-31.

❸ 国家人口计生委，财政部.关于实施"三项制度"工作的通知（第 2 条）[Z].2008.

❹ 国家人口计生委，财政部.关于将符合规定的"半边户"农村居民一方纳入农村部分计划生育家庭奖励扶助制度的通知（人口政法〔2011〕53 号）[Z].2011.

❺ 国家卫生计生委等五部门关于进一步做好计划生育特殊困难家庭扶助工作的通知（国卫家庭发〔2013〕41 号）[Z].2013-12-18.

精神保障等多个维度研究农村失独家庭的社会保障问题。同时对比城乡、对比不同发展水平的地域，发现了农村与城镇之间存在的显著差异，以及发达地区和不发达地区之间存在的显著落差。

1. 社会救助与社会保险欠缺

在社会救助方面，一部分专家学者认为一是社会救助水平太低，二是救助的方式标签化了失独者。学者洪娜❶指出，目前国家制定的社会扶助制度与现实的需求还有严重的偏差。学者张艳丹❷认为，城镇每人每月340元，农村每人每月170元这样的扶助标准相对于当前生活成本来说，起到的作用微乎其微。周伟、米红指出，城乡的扶助标准不应有区别而是应该统一，虽然城镇的生活成本高于农村，但是农村失独家庭在社会支持、社会服务、收入来源等方面面临更大的考验。所以，农村失独父母应当享受与城镇失独父母相同的待遇。另外，还有学者指出社会救助的方式过于简单直接，导致失独家庭的参与程度太低。谢勇才等人指出，国家明文规定了地方人民政府应当给予独生子女伤残死亡家庭必要的帮助，但是具体应该由哪个部门负责落实却没有说明，导致许多家庭救助无门，权益得不到保障。

在社会保险方面，周璇、吴翠萍❸认为，城乡结构二元化，养老金比例不统筹，农村养老金过低。刘岚❹认为，我国目前还没有针对失独群体的专项保险制度，现有的社会保险无法满足失独老人的基本生活需要。

2. 养老保障不健全

由于农村主要还是"养儿防老"的传统养老观念，所以失去子女后他们的养老保障是必须要面对的问题。学者金珑嘉❺提出，目前我国农村失独家庭养老保障方面主要缺少针对失独群体的养老机构，养老服务不健全。张祺乐❻指出，目前养老院的门槛设置过高，失独家庭很难进入这样的养老机构养老，而实际上他们的需求非常大，所以针对失独老人的机构养老应该有针对性的

❶ 洪娜. 独生子女不幸死亡家庭特征对完善计生工作的启示——以苏州市吴中区为例 [J]. 南方人口，2011（1）：14-18，47.
❷ 张艳丹. 构建失独老人养老保障体系的对策建议 [J]. 劳动保障世界（理论版），2013（9）：31-32.
❸ 周璇，吴翠萍. 基于风险视角的失独家庭养老问题研究 [J]. 老龄科学研究，2015（2）：38-48.
❹ 刘岚. 独生子女伤残死亡家庭扶助与社会保障 [J]. 人口与发展，2008（6）：32-34.
❺ 金珑嘉. 失独家庭现状及其养老问题研究 [J]. 汕头大学学报（人文社会科学版），2013（4）：75-78，96.
❻ 张祺乐. 论"失独者"权利的国家保护 [J]. 现代法学，2013（3）：11-17.

政策支持。另外，农村养老院在服务质量、基础设施上与城镇相比还有很大差距。政府必须负责农村失独家庭父母的临终关怀和安葬。

3. 精神保障不足

农村失独父母基本都存在精神上的创伤，失独家庭的社会保障中不可或缺的一环是精神保障，同时这也是目前最薄弱的一环。缺乏心理疏导可能会导致整个家庭的崩溃，政府和社会组织都有责任帮扶。学者李永兰等人[1]指出，2008年我国还没有建立相关精神保障的机制，情感关怀和心理疏导的专业人员稀少。同时，学者李晓兰，巩文彧[2]认为我国失独家庭精神关爱机制不健全。李文杰[3]认为，让失独家庭重新获得生活的希望，是社会救助重要的一部分，政府、社会都应该给予失独家庭精神慰藉。所以，不仅需要专业的社会工作机构及专业的服务人员帮助失独家庭，还需要志愿者帮助失独家庭，精神慰藉是失独家庭的安慰剂、复活剂。

4. 医疗保障缺乏

社会保障中的重点之一是医疗保障，农村失独家庭不仅失去了子女的照顾，还可能失去了经济保障，所以，医疗保障制度能否满足他们的需求则显得更为重要。很多学者认为"新农合"制度在实行过程中出现了一些不合乎需求的地方。我国还没有建立专门对于失独家庭这一特殊人群的医疗保险制度。[4]同时，朱俊生等人[5]还指出当前的医疗保障制度存在设计不合理的问题，农村医疗合作筹资困难，农民的合作意愿低，偏远地区的农民不了解政策。杨玉学[6]通过调查研究发现"新农合"在实施过程中存在着宣传不到位、监管不到位、管理队伍不健全等问题，农民对政策的不理解、不信任使得参合率不高、农民的认可度不高。

（二）农村失独家庭社会保障问题原因

导致农村失独家庭社会保障出现问题的因素有很多，一些专家学者从政

---

❶ 李永兰，王秀银. 重视独生子女意外死亡家庭的精神慰藉需求 [J]. 人口与发展，2008（6）：28-30.

❷ 李晓兰，巩文彧. 失独家庭精神关爱问题研究 [J]. 黑龙江教育学院学报，2014（7）：99-100.

❸ 李文杰. 精神慰藉是失独家庭的复活剂 [N]. 中国社会报，2012-11-23（7）.

❹ 秦秋红，张甡. "银发浪潮"下失独家庭养老问题研究——兼论社会养老保险制度的完善 [J]. 北京社会科学，2014（7）：50-60.

❺ 朱俊生，齐瑞宗，庹国柱. 论建立多层次农村医疗保障体系 [J]. 人口与经济，2002（2）：66-70.

❻ 杨玉学. 长期护理保险纳入国家政策性保险 [J]. 中国人口报，2015（3）.

策、经济、社会等多个层面进行了分析。

1. 有关政策的原因

学者郑功成[1]指出，计划生育政策实施期间，失独家庭的数量大幅增加。目前实施的独生子女伤残、死亡家庭的扶助金标准与实际情况偏差过大，效用太小。"新农合"无法满足农村失独家庭父母的医疗需求。"新农保"无法满足、保障农村失独老人的医疗需要，主要表现在社会救助程度欠缺、国家医疗保障制度不健全、国家养老制度不健全等方面。陈鑫婕[2]认为，国家没有关于失独老人的特殊养老保障制度，而且我国现行的城乡养老保障制度存在很大差异，农村失独老人的生活更为贫困。

2. 有关经济的原因

我国政府在经济扶助方面有相关的政策扶持，由于很多地区经济发展的不平衡、城乡二元结构的现状、扶助水平过低等原因导致很多农村失独家庭处于生活窘迫的状态。李世佳[3]认为，应提高专项的财政资金投入的比例，通过调整社会保障财政预算体系的结构与方向，向特殊人群、重点地区进行倾斜。确保失独老人维持基本生活，并帮助失独家庭顺利渡过难关。学者张怡静[4]指出，农村失独家庭父母大多没有退休金，经济来源主要靠子女供给、劳动收入，失去了子女的经济支持，随着年纪越来越大劳动收入也日益减少，生活很容易陷入困境。钟宇菲和张莹[5]指出，在没有养老金的情况下，"新农保"替代养老金的比率太低，不足以支撑农村失独家庭的生活。

3. 有关社会的原因

对失独家庭功能的复原有显著效用的因素之一是社会力量的大力参与。蒋智昕[6]指出，农村失独家庭只依靠政府进行救助还远远不够，应该让社会力量参与进来，构建以政府为主导、社会多方位参与的多元救助体系。目前，专门针对农村失独家庭提供社会服务的组织还很少，并且存在着专业化程度

---

[1] 郑功成. 中国流动人口的社会保障问题 [J]. 理论视野，2007（6）：8-11.

[2] 陈鑫婕. "失独"家庭养老保障中的政府角色定位研究——基于成都市调查数据 [D]. 成都：西南民族大学，2014.

[3] 李世佳. 基于公共财政视角的中国失独家庭研究 [D]. 长春：吉林大学，2014：21.

[4] 张怡静. 构建失独家庭社会保障体系的研究 [J]. 法学论坛，2014（7）.

[5] 钟宇菲，张莹. 失独家庭养老保障问题研究 [J]. 劳动保障世界（理论版），2013（8）：23.

[6] 蒋智昕. 农村失独家庭社会救助问题研究 [D]. 湘潭：湘潭大学，2016.

不高、规范化不够的问题，因此还难以实现针对农村失独家庭的多样化服务。❶
从发展性的社会保障视角看，针对失独家庭的社会保障，不应该仅仅局限于
生存性的经济救助，还应该授人以渔，让他们获得自我发展的资源和能力，
需要有专业的社会组织和专业的服务人员进行科学的干预。学界认为社会工
作专业能够发挥其独有的专业优势和专业技术开展干预和救助。

（三）解决农村失独家庭社会保障问题的对策

1. 政策方面

随着实施"全面二胎"政策，失独家庭的时代标签更加显眼，国家应该
在政策层面建立多层次、多方位的制度和政策，以确保农村失独家庭的生存
和发展。王海涛❷认为应该改革养老院的制度，针对失独老人放开养老院入住
条件。真正做到使失独老人老有所依，使其能从社会中获得充分的养老资源
和支持。王国军❸认为：首先，政府专门设立独生子女伤残、死亡的社会保险，
增强独生子女家庭抵抗风险的能力。其次，为失独老人的养老保障立法，从
法律层面完善、保障失独老人的养老。最后，大力建造收纳失独老人的专门
性养老院，让他们可以不用负担任何费用入住。

2. 经济方面

谢勇才、穆光宗、王广州等人指出，针对农村失独家庭的公共财政投入
过低问题，应该拓宽筹集资金的渠道、加快完善扶助金的动态增长机制。周
伟和米红❹指出，政府可以将扶助金的标准在全国范围内统一起来，不能再"厚
城市薄农村"，建立农村失独群体的帮扶机制，让他们能够获得自我保障的
能力和资源。

3. 社会方面

很多专家学者指出，在目前政府财政投入以及政策、法规不完善的情况下，
通过农村失独家庭可以借助社会资本解决其社会保障问题的途径，形成在政
府主导下的以社区、社会组织等为主的社会保障体系。马芒❺强调志愿者支持

❶ 王文静，王蕾蕾，闫小红．从生存型救助到发展型救助——社会工作视角下失独家庭的救助策略 [J]．新疆社会科学，2014（5）：121.
❷ 王海涛．什么叫"失独家庭" [N]．浙江日报，2015-05-23.
❸ 王国军．中国计生家庭生活保障制度的现状与城乡统筹 [J]．中州学刊，2009（1）:106-111.
❹ 周伟，米红．中国失独家庭规模估计及扶助标准探讨 [J]．中国人口科学，2013（5）:2-9, 126.
❺ 马芒．构建独生子女风险家庭的社会支持网络 [J]．中国发展观察，2011（5）：31-34.

网络是最广泛社会力量的参与，通过志愿者与专业的社会工作者的配合来解决失独家庭多样化的问题。南菁、黄鹏❶着重指出了社会工作者在社会力量中的突出作用，将社会工作者喻为社会问题的"治疗师"。因为他们经过了专业的教育、掌握了科学的工作方法、有实践操作的能力和经验，所以，农村失独家庭帮扶的重要帮手之一就是社会工作者，他们可以面对繁杂的家庭环境、社会环境策划个性化的帮扶与协助。

四、农村失独家庭的社会支持研究

失独家庭面临着诸多难题。从社会支持角度来看，如果社会支持体系较为完备，他们的问题则会较好地得到解决。但是，从目前的情况来看，失独家庭的社会支持体系并不完备。课题组查阅文献资料发现，专家学者研究农村失独家庭社会支持的重点在于失独家庭的经济支持、生活照料、精神慰藉支持。

（一）农村失独家庭社会支持面临的问题研究

1. 有关农村失独家庭的经济支持

社会支持的一个重要内容是经济支持，它是一种工具性支持。国内学者研究发现，失独家庭面临的经济支持问题主要体现在扶助金、养老和物质三个方面。

在扶助金方面，国家卫计委等五部门2013年发布了《关于进一步做好计划生育特殊困难家庭扶助工作的通知》，规定城镇失独家庭的扶助金为每人每月340元，而农村失独家庭的扶助金为每人每月170元，很明显两者之间差距很大。虽然在2016年统一了城镇与农村失独家庭的扶助标准，但这是基线的统一，一些省市级的财政补助针对城镇与农村仍然有不同的标准。❷管鹏在对山东省某市农村失独家庭经济保障状况的研究中指出，该市统一农村与城镇的失独家庭扶助标准，每人每月640元，49周岁以上一次性发放抚慰补助金1万元，49周岁以下的失独家庭发放一次性抚慰补助金5000元，加大人

❶ 南菁，黄鹏.我国失独家庭现状及帮扶对策研究述评[J].合肥学院学报（社会科学版），2013（2）：20-23.
❷ 财政部.卫生计生委关于进一步完善计划生育投入机制的意见[EB/OL].（2016-04-15）.http：//www.mof.gov.cn/zheng wuxinxi/caizhengwengao/wg2016/wg201605/201609/t20160930_2431235.html.

口关爱基金（计划生育公益金）救助力度，对计划生育特殊家庭发生重大灾害和意外事故时给予及时救助[1]。李慧芳等学者在对河南省乡村失独家庭的生产状况进行研究时发现，经济条件及物质基础的落后，让农村失独家庭不能及时获得失独扶助政策的相关信息，获得及时的帮助[2]。不同的地区对于农村失独家庭经济上的支持存在着很大的差距。

在养老方面，王进在农村失独家庭社会帮扶策略研究中提到，要加强对农村失独家庭的帮扶。农村社会养老保障制度尚未完善，在丧失了原来传统的家庭养老模式的情况下，导致存在家庭养老靠不住，机构养老住不起，社会养老不健全问题[3]。同样，吕世辰、王金、杨华磊等学者认为农村养老机构存在资源紧张、入院门槛高、入住困难[4]等问题，虽然在《关于进一步做好计划生育特殊困难家庭扶助工作的通知》中规定优先安排失独老人入住养老机构，但大部分农村失独老人仍选择家庭养老。李园园认为农村失独家庭的老人在没有子女的照顾、社会养老制度不完善的情况下选择家庭养老，需要降低自己的生活水平来维持生活[5]。

在物质方面，学者向德平、周晶认为失独家庭会更容易面临贫困化风险，在经历丧子之痛后，大部分家庭还要面临医疗费用、丧葬费用等大额开支，家庭会出现经济短缺现象，在衣食住行等物质方面较难回到以前水平，多数家庭在沦为失独家庭的同时也成了贫困家庭[6]。伍方舟调查发现农村失独家庭物质生活上同样存在较大的负担，失独家庭在承担高昂的丧葬费用的同时，还要负担农务劳动和家务劳动，对生活造成很大的压力[7]。

2. 有关农村失独家庭的生活照顾服务支持

生活照顾服务支持属于工具性的支持。宋振瑜对河北省保定市的失独家

[1] 管鹏.农村失独家庭养老保障基本状况 [J].河南农业，2016（32）：4-6.
[2] 李慧芳，王珊珊，谢佳芮，等.河南乡村"失独家庭"生存状况研究——以省内 4 县 10 村为中心的调查 [J].中国市场，2015（46）：127-130.
[3] 王进.农村失独家庭社会帮扶策略研究 [J].广西社会科学，2016（8）：160-162.
[4] 吕世辰，王金，杨华磊.农村失独家庭的生命轨迹、弱势地位及扶助措施 [J].中共山西省委党校学报，2018，41（3）：66-68.
[5] 李园园.滨州市沾化区农村失独家庭面临的问题及对策研究——对古城镇的调查与思考 [D].济南：山东师范大学，2017：20.
[6] 向德平，周晶.失独家庭的多重困境及消减路径研究——基于"风险—脆弱性"的分析框架 [J].吉林大学社会科学学报，2015，55（6）：60-67，172.
[7] 伍方舟.农村失独家庭的社会支持研究——以重庆市万州区为例 [D].重庆：重庆工商大学，2017：21.

庭养老困境进行调查研究，发现失独家庭存在晚年生活无人照料问题，"养儿防老"这一中国农村传统的养老模式在失独家庭中无法实现，只能和配偶相互照料，并且双方的照顾能力都有限。虽然有时邻里亲友也会提供一些生活照料，但失独者在很多情况下都不愿接受❶。朱韶晖对西宁市失独家庭社会支持需求进行研究分析，发现高年龄段的失独父母对生活照料的需求显得尤其迫切，没有他人的帮助，日常生活是难以自理的。❷许亚柯、欧辉通过对怀化市农村失独家庭现状进行研究，认为农村失独家庭更易面临生活和生病时无人照料的困境，失去子女就失去了家庭自身的支柱，在生活上没人照料，生病时无人照顾。❸

3. 有关农村失独家庭精神慰藉支持

精神慰藉支持与前两者相比属于情绪性工具的支持。洪平认为失独父母存在精神抚慰需求，许多父母在失去唯一的孩子后会变得意志消沉、自闭，子女的逝去使父母的精神失去了寄托，导致精神崩溃。❹吴峥嵘、刘太刚认为失独家庭存在情感心理需求，失独家庭会因为失去独生子女而无法像普通家庭那样享受天伦之乐，也可能会因为无法接受失独这一事实而造成心理抑郁等精神疾病❺，因此，需要特别注重对失独家庭的精神关怀和心理疏导支持。徐继敏认为，独生子女的死亡会造成父母自行封闭、脱离社会，不愿见陌生人，甚至出现严重的心理问题，并且失独家庭中的夫妻关系更加容易破裂。❻许亚柯同样认为在欠发达地区的农村失独家庭中，子女是整个家庭的精神支柱和情感纽带，独生子女的逝去会造成家庭三角形功能缺失和父母精神情感纽带的断裂，容易导致亲人离异等家庭危机的出现。❼魏薇指出，虽然目前有很多

---

❶ 宋振瑜. 失独家庭养老困境调查及对策探讨——以河北省保定市为例 [J]. 经济研究参考，2018（22）：29-32.

❷ 朱韶晖. 失独家庭社会支持的需求分析与体系建构——以西宁市四区三县为例 [J]. 青海民族大学学报（社会科学版），2018（2）：47-53.

❸ 许亚柯，欧辉. 欠发达地区农村失独家庭现状及政策实证研究——以怀化市为例 [J]. 农业部管理干部学院学报，2017（1）：66-72.

❹ 洪平. 政府职能视角下失独家庭社会保障现状与发展对策——以广德县为例 [D]. 合肥：安徽大学，2016：25.

❺ 吴峥嵘，刘太刚. 失独家庭养老保障中政府责任定位的逻辑与策略——基于需求溢出理论的视角 [J]. 云南民族大学学报（哲学社会科学版），2019，36（5）：89-96.

❻ 徐继敏. 成年独生子女死残的困境与政府责任 [J]. 重庆行政，2007（3）：60-62.

❼ 许亚柯. 欠发达地区农村失独家庭现状实证研究——以怀化市为例 [J]. 怀化学院学报，2017，36（2）：70-74.

社会组织或志愿者自发去看望失独老人 ❶，带去一定的心理支持，但无法做到长期陪伴。

（二）我国农村失独家庭社会支持问题的对策

我国关于农村失独家庭社会支持问题的对策也是从三个方面入手：经济支持、生活照料支持和精神慰藉支持，综述学者对我国农村失独家庭社会支持问题提出的相应措施及建议如下：

1. 针对农村失独家庭经济支持问题的对策

对于政府方面，朱韶晖认为，政府作为失独家庭社会支持体系的构建者，不仅要不断完善为失独家庭提供的政策方面的支持，还要逐条彻查各级文件的落实情况，解决漏报漏发等扶助问题。❷要发挥失独家庭社会支持的多主体效应，村委会、邻里、亲朋好友共同发挥支持作用。张迪、叶森同样认为要确保扶助金的落实情况，要规范资金的使用，监督贯穿整个资金运作流程，保证失独家庭的政府扶助金和社会捐助资金使用的充分性、合理性、公平性。❸郭乃硕表示，在提高国家计划生育家庭特别扶助标准的同时，还要鼓励各地提供差异性补贴，因为不同的地区财政收入和消费水平存在较大的差异。❹马瑄、刘艳红建议实现失独老人零门槛入住养老机构，政府为养老机构提供物资帮助，并提倡建立专门收纳失独老人的养老院。❺

对于社区（村委会）方面，袁喆认为，在多中心治理框架中，政府部门、市场机构与社会组织三者可以充分利用自身优势性资源与发挥自身独特性作用，社区（村委会）可以联合市场机构以节日慰问、善款捐赠等形式筹集失独家庭扶助资金，❻为农村失独家庭提供经济支持，以减轻政府部门财政压力。

2. 针对农村失独家庭生活照顾服务支持问题的对策

对于政府方面，张丽铃认为，可以通过政府出资，在农村地区建立提供

❶ 魏薇.论我国失独家庭的养老困境及解决对策——基于域外视角下外国失独家庭养老模式的对比 [J].湖北经济学院学报（人文社会科学版），2019，16（4）：69-71.
❷ 朱韶晖.失独家庭社会支持的需求分析与体系建构——以西宁市四区三县为例 [J].青海民族大学学报（社会科学版），2018（2）：47-53.
❸ 张迪，叶森.合肥市失独家庭养老保障问题研究 [J].劳动保障世界，2019（15）：18-20.
❹ 周冉冉.全国人大代表、民革吉林省委主委郭乃硕：完善失独老人救助机制，鼓励各地差异性补贴 [J].中国社会工作，2019（8）：20.
❺ 马瑄，刘艳红.浅析失独家庭养老问题及对策 [J].现代商业，2018（11）：161-162.
❻ 袁喆.我国失独家庭扶助体系的构建——基于多中心治理视角的分析 [J].劳动保障世界，2019（21）：29.

集中住养、生活照料服务的社区综合性老年服务中心。❶任慧霞、李红艳提倡政府要从制度投入和资金投入两个方面保障失独者的基本生活，夯实失独者养老保障基础。❷

对于社区（居委会）方面，任慧霞、李红艳提出可以让工作者或志愿者为年龄较大、行动不便的失独者提供助餐、助洁等生活照料服务。郭会宁通过对陕西农村地区的调查，提出要创建"离家不离村，失亲不失情"的新型养老模式，❸在农村里结对帮扶。

3.针对农村失独家庭精神慰藉支持问题的对策

对于政府方面，郭秉菊、李小燕、李建令提出要引导失独家庭重拾生活信心，设立心理咨询公益岗位，定期提供科学的心理辅导，给予失独者精神慰藉，❹同时提倡政府等相关部门协助失独家庭重组完整家庭，包括再生育和收养子女。在许媛媛看来，国家是失独群体精神慰藉的主导力量，应建立失独家庭关怀基金和开设失独群体养老院，❺加大资金投入。

对于社区（村委会）方面，沈长月、夏珑等学者认为社区（村委会）是失独者社会支持网络的枢纽，建议社区（村委会）要为失独者提供一个现实的场所来根治他们心理上的空虚感、孤独感、焦虑感、抑郁感和失落感，要有人面对面倾听他们的述说。❻郭秉菊、李小燕、李建令认为社区（村委会）应为失独者提供活动场所，积极开展各种活动，摆脱孤独感。❼

对于社会志愿者方面，申莹莹主张社会是失独父母精神慰藉的重要环节，要充分发挥志愿者的作用，❽通过宣传呼吁，树立良好的社会风气，增加社区邻里对失独家庭的关爱与照顾。

❶ 张丽铃.福州市长乐区失独家庭扶助工作的问题及对策[D].福州：福建师范大学，2018.
❷ 任慧霞，李红艳.中国失独者养老困境及对策[J].中国老年学杂志，2018，38（7）：1778-1781.
❸ 郭会宁.农村失独老人养老现状调查分析与建议——基于陕西农村地区的调查[J].四川职业技术学院学报，2019，29（4）：25-29.
❹ 郭秉菊，林小燕，李建令."二孩"背景下南京市失独老人生存现状及扶助探究[J].金陵科技学院学报（社会科学版），2018，32（2）：53-57.
❺ 许媛媛.关于我国失独群体精神慰藉及其实现路径的研究[J].赤峰学院学报（汉文哲学社会科学版），2015，36（5）：82-84.
❻ 沈长月，夏珑，石兵营，等.失独家庭救助与社会支持网络体系研究[M].上海：华东理工大学出版社，2016：144.
❼ 郭秉菊，林小燕，李建令."二孩"背景下南京市失独老人生存现状及扶助探究[J].金陵科技学院学报（社会科学版），2018，32（2）：53-57.
❽ 申莹莹.失独父母的社会保障：基于精神慰藉视角[J].劳动保障世界，2017（24）：12-13.

五、 国外相关研究

因计划生育政策的独特性，政策性失独是我国特有的现象，西方国家受到低生育率因素的影响，许多家庭选择"丁克"或者少生，一定程度上也增加了失独风险，存在大量的自愿的或非自愿的无子女家庭。国外的无子女家庭与我国的失独家庭有一定的相似性。当今国际社会日益增长的不生育趋势下，产生了大批的无子女者，针对这一群体，有诸多国外学者开展了研究。当然，也有部分学者注意到了失独群体，开展了相关研究。

罗伯特·鲁宾斯坦（Robert L. Rubinstein）研究发现生育率、照料制度、无子女的社会意义、收养等替代无子女的办法以及教育和经济机会等因素对无子女老年人生活存在重要影响。[1]

巴布亚新几内亚学者劳拉·齐默（Laura J. Zimmer）研究了无子女对老年人的意义和后果，发现无子女老人与儿童一样被视为不事生产的人，并且社会认为无子女老人需对自己这一状况负责，容易被社会忽视和嘲笑。通过收养子女和资助他人子女，无子女老人可以提高自己的社会地位[2]。

自愿性无子女和非自愿性无子女不同，英国学者罗宾·安德鲁·哈德利（Robin Andrew Hadley，2018）认为在英国 2030 年将有 200 万无子女人口的背景下，影响老年男性非自愿无子女的因素包括教养、经济状况、事件发生的时间、人际交往技巧、性取向、伴侣选择、关系的形成和解除、丧亲之事以及生育能力[3]。加拿大学者杰弗里·雪莉、康奈特·坎达丝（Jeffries Sherry, Konnert Candace，2002）对自愿性无子女和非自愿性无子女的中老年妇女进行了对比研究，发现与自愿无子女的女性相比，非自愿无子女女性的生活幸福感更低，在生活中更加被动，对环境的掌控能力要更差。[4]

另外，也有部分学者主要从心理学角度做了分析，认为失独老人的心理

❶ Rubinstein, Robert L. Childless elderly.Theoretical perspectives and practical concerns[J].Journal of Cross-Cultural Gerontology, 1987, 2（1）: 1-14.

❷ Zimmer, Laura J. "Who will bury me？": The plight of childless elderly among the gender[J].Journal of Cross-Cultural Gerontology, 1987, 2（1）: 61-77

❸ Hadley, Robin Andrew "I'm missing out and I think I have something to give": Experiences of older involuntarily childless men[J]. Working with Older People, 2018, 22（2）: 83-92.

❹ Sherry, Jeffries, Candace, etal. Regret and psychological well-being among voluntarily and involuntarily women and mothers[J].The International Journal of Aging&Human Development, 2002, 54（2）: 89-106.

会对其生活造成巨大影响，如果在心理上不能战胜自我，就无法在后半生中本着正常的心理融入社会（Sass，J.S, Mattson, 1999; Barrera M., Ainlay S.L, 1983；etc.）。

六、文献评述

我国关于失独家庭的研究将近 30 年。通过对国内外相关文献的回顾，我们可以发现当前研究已经足以让我们对失独家庭及其生活状况有一个较为整体性的认识。但失独家庭是一个较为笼统的概念，笔者在概念界定中已经指出，我们可以根据不同的标准将失独家庭分为诸多种类，学界对失独家庭的研究大部分仍停留在笼统层面，精细化研究仍不足。

第一，宏观方面重复研究较多，而对失独家庭类型的细分研究不足。首先是城乡分类研究缺乏，城市失独家庭与农村失独家庭在经济能力、文化观念、社会保障水平等层面存在着许多差异，他们的需求和面临的困境自然也存在区别，特别是农村失独家庭，其处境相对于城市而言可能更为艰难。然而当前的研究对象主要集中在城市，研究结果难以代表农村失独家庭的情况。其次，失独家庭是否有孙辈，孙辈是否与祖辈一同居住，孙辈的存在对祖辈意味着什么，给祖辈带来了什么样的影响，对比学界仍缺乏足够的分析。最后，临时性失独家庭与永久性失独家庭在面临的困境与存在的需求上也有不同，前者可能是领养、再生育方面面临着制度、经济、信息等方面的困境，而后者则是经济、情感、健康、养老等方面的问题。

第二，性别敏感度不足。在独生子女去世后，其父亲、母亲的处境虽然相同，但受性别因素的影响，在具体困境上仍存在差异，女性更容易处于弱势地位。然而当前的研究主要集中于失独妇女的规模上，这与失独家庭的规模研究并无二致。对国内外研究进行比较可以发现，国外虽然不存在"失独家庭""失独者"的概念，但是仅就无子女者的研究而言，从性别视角出发的研究不胜枚举，反观我国仅有几篇性别视角下的失独研究文献，且仅限于女性。

第三，理论研究居多，具体专业操作性研究较少。目前关于失独家庭的研究，主要是以理论研究及调查报告为主，实务性研究局限于硕士学位论文。

我们研究失独家庭的目的在于能够直接或间接地改善该群体的生活质量，希望能够将社会工作、老年学等实务服务经验加以总结提炼，形成可供其他地区参考的服务方法、服务模式，能够极大地推动我国失独家庭服务质量的提升。

第四，没有系统关注应对农村失独家庭困境的责任主体与应然责任，尚未提出较为完备的、系统化的制度构想。目前，我国尚未形成针对失独家庭，特别是针对农村失独家庭的较为系统化的制度安排，而且即便有些政策性的文件，但有的规定模棱两可，难以清晰执行。

鉴于研究现状及课题研究设想，课题组将在借鉴前人研究成果的基础上，以"困境—责任—制度"为研究逻辑，采取理论与实证相结合、问题与对策相结合、学科之间相结合的形式，对我国农村失独家庭的社会保障和社会支持问题进行多角度系统化研究。

第四章　农村失独家庭的社会保障及社会支持现状

自本课题立项以来，课题组先后在湖南益阳市南县农村、重庆市丰都县农村、四川省仁寿县农村开展了相关调研。由于各地的域情不同，为了真实呈现调研情况，课题组依照调研的先后顺序撰写各调研区域农村失独家庭的社会保障及社会支持现状。

一、湖南省益阳市南县农村失独家庭社会保障及社会支持现状

（一）南县农村失独家庭基本情况

由于农村地域的特殊性及湖南省当时执行计划生育政策较为严厉，因此，湖南省农村计生特殊家庭整体数量要多于城镇。实际上，从课题组调研的各地情况看，越是计划生育政策严格的地方，失独家庭越多。根据湖南省统计局的统计数据（见表 4-1❶），44.81% 的独生子女分布在城市，26.17% 的独生子女分布在镇，29.01% 的独生子女分布在农村，城市和镇的独生子女比例达到 70% 以上，是农村独生子女占比的两倍还多。然而失独家庭的情况截然相反，根据统计结果，湖南省城市失独户数占总失独户数的 27.94%，镇失独户数占 23.65%，农村失独户数占 48.41%。由此可见，湖南省农村失独家庭占全省失独家庭的近半数。

---

❶ http://www.hntj.gov.cn/fxbg/2013fxbg/2013jczx/201307/t20130712_102224.html.

表 4-1　2010 年湖南省城乡独生子女及"失独"户数占比分布情况（单位：%）

	城市	镇	农村
独生子女占比	44.81	26.17	29.01
失独家庭占比	27.94	23.65	48.41

资料来源：根据 2010 年湖南省人口普查资料推算。

课题组出于调研的便利性、可操作性，选派了来自湖南省益阳市的课题组成员带领 3 名调研员于 2017 年 1 月至 2 月在益阳市南县开展了调研。南县是湖南省 36 个边境县之一，是我国的革命老区县。南县下辖 12 镇 3 乡，共有 43 个社区，368 个行政村。课题组在南县采取了先联系熟悉的村委会领导，然后由该领导联系其他村领导的方式获得了村委对农村失独家庭调研的支持。由于当地领导的帮助，课题组很快选定了三仙湖镇、麻河口镇、乌嘴乡 3 个乡镇开展调研，其中三仙湖镇有 65 户农村失独家庭，麻河口镇有 35 户，乌嘴乡 41 户。课题组采取了整群抽样的办法开展了调研。共调研家庭 141 户，填答问卷 141 份，回收率 100%。但调研中有 21 个家庭的问卷有较多缺失值，因此按照废卷处理。最终按照 120 份有效问卷处理（见表 4-2）。

表 4-2　南县调研具体情况

时间	乡/镇	调研数量	有效问卷份数
2017.01	三仙湖镇	65	58
2017.01	麻河口镇	35	30
2017.01—02	乌嘴乡	41	32

1. 受访农村失独父母的性别和年龄

调研数据显示，本次受访农村失独父母中有 59 人为男性，61 人为女性。男女性别比例基本持平（见表 4-3）。从失独父母的年龄看，最小的 31 岁，最大的 76 岁。（见表 4-4）。

表4-3　受访农村失独父母的性别

	频次	百分比（%）
男	59	49.2
女	61	50.8
合计	120	100

表4-4　受访农村失独父母的年龄

	频次	百分比（%）
31～40岁	16	13.3
41～50岁	26	21.7
51～60岁	41	34.2
61～70岁	27	22.5
71～80岁	10	8.3
合计	120	100

2. 受访农村失独父母的文化程度及居住情况

调研数据显示，南县农村失独父母的文化程度普遍不高（见表4-5），不识字或者识字很少有13人，占10.8%；小学文化程度的有39人，占32.5%；初中文化程度的有34人，占28.3%；高中或中专文化程度有29人，占24.2%。大专及大学以上只有5人，占4.1%。从居住情况看（见表4-6），70.8%的失独者和配偶居住，独居的有25人，占20.8%，与亲戚居住的有9人。

表4-5　受访农村失独父母的文化程度

	频次	百分比（%）
不识字或者识字很少	13	10.8
小学	39	32.5
初中	34	28.3
高中或中专	29	24.2
大专	4	3.3
大学及以上	1	0.8
合计	120	100

表 4-6 受访农村失独父母的居住状况

	频次	百分比（%）
独居	25	20.8
与配偶居住	85	70.8
与亲戚居住	9	7.5
其他	1	0.8
合计	120	100

3. 受访农村失独父母的经济状况

益阳市南县农村受访失独家庭的经济来源主要是靠自己努力获得（见表
4-7），数据显示 66.7% 的失独父母的经济收入是农业劳动收入；20% 是靠养
老保险金。虽然政府会给每位失独父母特殊补贴，但是调研人员发现失独父
母多数认为政府给的补贴是拿孩子的命换来的，因此要生活还得靠自己。课
题组从这些农村失独父母的遭遇看到了人的生命的脆弱，更体会到了这些失
独父母的不易和坚韧、无奈和挣扎！

表 4-7 受访农村失独家庭的主要经济收入来源

	频次	百分比（%）
农业劳动收入	80	66.7
养老保险金	24	20.0
个人储蓄	4	3.3
配偶供养	2	1.7
政府补贴	4	3.3
亲友资助	1	0.8
其他	5	4.2
合计	120	100

那么，这些家庭收入是否够他们开支呢？课题组调研了这些家庭的月收支
情况。开支数据显示（见表4-8），这些失独家庭月开支，44 户在 1000 元及以下，
占 36.7%；43 户在 1000~1500（含）元之间，占 35.8%；13 户在 1500~2000（含）
元之间，占 10.8%；9 户在 2000~2500（含）元之间，占 7.5%；11 户月花费在

2500 元以上，占 9.2%。通过访谈调研得知，部分家庭的很大一部分开支是由于独生子女离世后失独父母身体每况愈下，每月都得看病买药造成的。

表 4-8　受访农村失独家庭的月开支状况

	频次	百分比（%）
1000 元及以下	44	36.7
1000～1500（含）元	43	35.8
1500～2000（含）元	13	10.8
2000～2500（含）元	9	7.5
2500 元以上	11	9.2
合计	120	100

对于收入与支出的状况（见表 4-9），54 户认为"大致够用"，占比 45.0%；36 户认为"比较困难"，占比 30.0%；16 户认为"很困难"，占比为 13.3%；9 户认为"比较宽裕"，占比 7.5%；只有 5 户认为"很宽裕"。可见，43.3% 的失独家庭认为入不敷出。

表 4-9　受访农村失独家庭的收支状况

	频次	百分比（%）
很宽裕	5	4.2
比较宽裕	9	7.5
大致够用	54	45.0
比较困难	36	30.0
很困难	16	13.3
合计	120	100

4. 有无孙辈

对于多数农村家庭来说生儿育女是人生最重要的事情，因此，课题组为了了解受访失独家庭的人口结构，设置了有无孙辈这一问题。数据显示（见表 4-10），在南县 120 户农村失独家庭中有 68 户失独家庭有孙辈，占 56.7%；52 户无孙辈，占 43.3%。

表 4-10 受访农村失独父母有无孙辈情况

	频次	百分比（%）
有	68	56.7
无	52	43.3
合计	120	100

5.子女意外对受访失独父母的影响

孩子的离世永远是对父母的致命打击！课题组在调研过程中总觉得再次问及会是对农村失独父母的"再次揭伤疤"，是"在伤口上撒盐"，因此，对于有的失独父母，调研员选择了先试探性提问，如果对方能与调研员谈论的话，再继续问的办法。在调研过程中，有5位失独者因太痛苦而对本题难以做出回答（见表4-11）。我们把独生子女去世和打击程度做了交叉，可以看出子女离世时间越短的失独父母越是感觉打击大。一个孩子的离世是一个家庭的悲剧，虽然时间是医治痛苦的良药，但是我们多么希望人间会少一些这样悲惨的家庭。农村本来就生活困顿的父母面对这样的命运捉弄，他们的心在流血！虽然有的失独父母在多年后逐渐走出了阴影，但是更多的是麻木和无奈地接受悲惨的现实（见表4-12）。

表 4-11 独生子女去世对其父母的打击

		孩子去世对您的打击				合计
		打击极大，至今无法承受	打击很大，至今难以面对	打击大，现在已能面对	打击较大，现在基本恢复常态	
孩子去世年数	1～3年	21	15	5	3	44
	4～7年	7	16	13	7	43
	8～10年	0	8	1	3	12
	10年以上	2	1	3	10	16
合计		30	40	22	23	115

表 4-12　农村失独父母从痛苦中恢复的程度

		精神麻木，无法缓和	精神痛苦，难以恢复	痛苦有所缓和	基本恢复，可以面对现实	
孩子去世年数	1~3年	11	32	0	6	49
	4~7年	5	14	11	13	43
	8~10年	1	5	2	4	12
	10年以上	1	3	1	11	16
合计		18	54	14	34	120

6. 受访农村失独父母认为需要的心理服务

当问及在心理方面急需哪些服务时（见表4-13），33位选择需要心理疏导，占比27.5%；24位选择需要邻里劝慰，占比20.0%；26位选择需要结交新朋友，占比21.7%；17位表示需要社区组织外出旅游散心，占比14.2%；14位需要志愿者登门服务，占11.7%；3位认为需要与专业的社工交流，占2.5%；2位希望有社区支持小组的活动，占1.7%。从数据可以看出失独父母意识到了自己需要外力来帮助他们走出阴霾，但是从农村的现实情况看，能够开展心理服务的专业人士很少，而尚未被社会广泛认可的专业社工就更少了。因此，如何调动社会资源、发挥专业人士技能为农村失独家庭成员开展帮扶十分重要。

表 4-13　农村失独父母的心理服务需求状况

	频次	百分比（%）
心理疏导	33	27.5
邻里劝慰	24	20.0
结交新朋友	26	21.7
与专业的社工交流	3	2.5
社区组织外出旅游散心	17	14.2
社区家庭支持小组	2	1.7
志愿者登门服务	14	11.7
其他	1	0.8
合计	120	100

7.受访失独父母的身体状况

当问及身体状况如何时（见表4-14），19人表示"非常健康"，占比15.8%；39人表示"比较健康"，占比32.5%；42人表示"一般"，占比35.0%；15人表示"不太好"，占比12.5%；5人表示"很不好"，占比4.2%；身体处于一般及以下的有62人，占比51.7%。可见，南县一半以上的农村失独父母的健康情况需要加以关注。

表4-14 受访农村失独父母的身体状况

	频次	百分比（%）
非常健康	19	15.8
比较健康	39	32.5
一般	42	35.0
不太好	15	12.5
很不好	5	4.2
合计	120	100

（二）南县农村失独家庭社会保障现状及需求

1. 南县失独家庭领取"失独家庭"扶助金情况

在受访失独家庭中，有103户选择领取过扶助金，占比85.8%；17户选择没有领取过"失独家庭"扶助金，占比14.2%（见表4-15）。经调研人员询问得知，因为我国政府规定失独家庭扶助金（计生特殊家庭补助）必须是失独母亲达到49岁才能领取，这一年龄限制把17户失独家庭挡在了门外。但现实表明这些家庭在处于失独困境中同样需要帮扶，而且调研人员发现这17户失独家庭中只有2户想再要一个孩子，其他家庭均表示不再要孩子了，可见，对于49岁这一年龄要求尚需我国卫生部门、民政部门、法律部门联合加以调整。

表 4-15　受访农村失独家庭领取"失独家庭"扶助金状况

	频次	百分比（%）
是	103	85.8
否	17	14.2
合计	120	100

2. 农村失独家庭参保情况及对社会保障制度的关注度

（1）农村受访失独父母享受低保的情况

调研显示，南县受访失独父母中 22 人领到了低保，占比 18.3%。调研员了解到，政府对于低保核查较为严格，因此能够领到低保的失独家庭为数不多，而且往往是得到了一方面的补贴，另一方面可能就没了。从政策视角看，最低生活保障制度是兜底性制度，只有那些生活极其困苦的家庭才能享受这项制度。

（2）对社会保障制度的关注

当问及对当地社会保障制度中哪些内容关心时，受访失独家庭中 95 户选择"养老保险"，占 79.2%；86 户选择"医疗保险"，占比 71.7%；35 户选择"五保供养最低生活保障"，占比 29.2%；15 户选择"农村危房改造帮扶"，占比 12.5%。可见，南县农村失独家庭最为关心的社会保障制度是养老、医疗、低保及住房安全问题，这几个方面与生活在这个世间的每个人都息息相关，而对于农村失独父母而言，养老依靠谁、生病谁照料、能否住安全更是他们必须面对的难题。

（3）参保情况及对保险的评价

对于参加了哪些社会保险的问题，115 户失独家庭选择"养老保险"，占比 95.8%；114 户失独家庭选择"医疗保险"，占比 95.0%；22 户失独家庭选择"最低生活保障"，占比 18.3%。

对于养老保险的评价问题，有 98 户失独家庭选择"覆盖面不广"，占比 81.7%；87 户选择"养老金较低"，占比 72.5%；18 户选择"体制有待完善"，占比 15.0%；56 户选择"个人养老报销缴纳负担重"，占比 46.7%。由此可见，南县农村失独父母希望能够养老有保障，他们希望养老保险覆盖面能进一步加大。

当我们问及最低生活保障制度存在什么问题时（见表4-16），有30户失独家庭选择"资金难以落实"，占比25.0%；40户失独家庭选择"农村最低生活保障制度配套措施不健全"，占比33.3%；38户失独家庭选择"对象限定不合理"，占比31.7%；12户认为"实际领取低保人数与应该支付人数有偏差"，占比10.0%。可见，如何确保最低生活保障制度的公信力和科学性尚需政府部门做出思考。

表4-16 受访农村失独家庭认为当地低保存在的问题

	频次	百分比（%）
资金难以落实	30	25.0
农村最低生活保障制度配套措施不健全	40	33.3
对象限定不合理	38	31.7
实际领取低保人数与应该支付人数有偏差	12	10.0
合计	120	100

（4）对"新农合"的了解及就医情况

对于是否知道新农合这一提问（见表4-17），106户失独家庭选择知道新农合，占比88.3%。这表明新农合在南县农村失独家庭中有较高的知晓度。这项专门针对农村的社会保障制度与百姓的生活息息相关，看病、取药都与之关联。

表4-17 受访农村失独家庭对于农村新农合的了解情况

	频次	百分比（%）
是	106	88.3
否	14	11.7
合计	120	100

当问及生病时愿意去哪儿就医时，61户失独家庭选择"去药店自己买药"，占比50.8%；30户失独家庭选择"卫生所"，占比25.0%；20户失独家庭选择"乡镇医院"，占比16.7%；9户失独家庭选择"县市级医院"，占比7.5%。

可见，农村大部分失独家庭会选择自己买药或者去乡镇医院等，而不会选择去县市级相对大型的医院。很多时候村民认为病了没什么，一般疾病往往是扛扛就过去了，因此他们会选择就近买点药，直到成了大病，实在无奈的时候才会去大医院。

对于看病报销率是否满意的问题（见表4-18），28户失独家庭选择了非常满意，85户选择了基本满意，只有7户选择了不知道。可见，南县农村失独家庭对于看病报销的情况总体满意。

表4-18　受访农村失独家庭对报销率满意情况

	频次	百分比（%）
非常满意	28	23.3
基本满意	85	70.8
不知道	7	5.9
合计	120	100

（5）农村失独家庭对生活及社会保障的满意度

对于日常生活的满意度问题，14户失独家庭认为"生活很踏实"，占比11.7%；54户失独家庭感觉"一般，基本可以达到要求"，占比45.0%；52户失独家庭感觉"生活没有得到切实保障，需要多攒钱来养老"，占比43.3%。总体来看，由于失独事件，绝大多数农村失独家庭没有生活很踏实的感觉，需要政府和社会给予更多的帮扶。

对于对失独家庭救助金是否满意的问题，53户失独家庭对救助金额"非常满意"，占比44.2%；50户失独家庭对救助金额"基本满意"，占比41.6%；17户失独家庭表示"不知道"，占比14.2%。总体看失独家庭对救助金额满意。在整个调研过程中，调研员都能够体会到农村失独家庭对于党和政府关爱的感激之情，他们并没有像城市有的失独老人那样觉得是政府导致了自己的不幸，而是对政府充满信心和感恩。

（6）对政府及社会的需求情况

当问及政府和社会应该为失独家庭做些什么时，67户失独家庭选择"适当增加失独群体养老金补贴"，占比55.8%；35户失独家庭选择"加强对失独者就医补助"，占比 29.2%；46 户失独家庭选择"建立专门服务失独者的养老院"，占比 38.3%；19 户失独家庭选择"成立失独群体专项公益基金组织"，占比 15.8%；48 户失独家庭选择"为失独群体提供特制的养老保险"，占比 40.0%；9 户失独家庭选择"开展以政府或社会公益组织为主导的针对失独群体的社会服务"，占比 7.5%；6 户失独家庭选择"制定完善失独群体的权益保护与养老相关的法律法规制度"，占比 5.0%。可见，对于农村失独老人而言养老和医疗总是他们的焦虑。同时我们也能看出，目前我国农村的公益服务还很不完善。另外，因为处于农村地域的原因，农村失独老人自身的权益保护与法律意识不是很强。

（三）南县农村失独家庭的社会支持现状及需求

为了了解南县农村失独父母的社会支持现状及需求，课题组从失独父母的朋友数量、家人、邻居及社区、政府等社会支持源，失独家庭遇到困难时求助对象的选择，以及日常活动安排等非正式支持和正式支持等方面开展了调研。

1. 受访农村失独父母的朋友数量情况

从调查数据来看（见表 4-19），40 位失独父母选择了"一个关系亲密的朋友都没有"，占 33.3%；选择拥有 1~2 个关系密切朋友的失独父母有 48 位，占 40.0%；21 户失独老人选择拥有 3~5 个关系密切的朋友，占 17.5%；11 位失独父母选择了拥有 6 个或 6 个以上关系密切的朋友，占 9.2%。可见，南县农村失独父母中有近三分之一的人没有朋友；66.7% 的失独父母有数量不等的朋友。朋友多了路好走，对于失独父母而言，朋友的帮扶往往能起到其他支持达不到的效果。

表 4-19　农村失独父母拥有关系密切的朋友数量

	频次	百分比（%）
一个也没有	40	33.3
1~2 个	48	40.0
3~5 个	21	17.5
6 个及 6 个以上	11	9.2
合计	120	100

2.受访农村失独父母的家庭支持情况

在受访的失独父母中（见表4-20），94人选择了"和家人住在一起"，占78.3%；25人选择了"远离家人，且独居一室"，占20.8%。

表 4-20 农村失独父母近一年来居住情况

	频次	百分比（%）
远离家人，且独居一室	25	20.8
和家人住在一起	94	78.3
其他	1	0.9
合计	120	100

对于从哪些家庭成员获得支持照顾这一问题（见表4-21），85位失独父母是从夫妻（恋人）那里得到支持照顾，占比70.9%；13位依靠父母照顾，占比10.8%；9位失独父母从兄弟姐妹那里得到支持照顾，占比7.5%；还有7位失独父母从其他成员（如妯娌等）那里得到支持照顾，占比5.8%；6位未做选择。调研人员了解到这6位失独父母自己照顾自己。之所以在益阳农村调研的失独父母中会出现有13位靠父母照顾者，其原因在于在受访失独家庭中有16位失独父母年龄是在31～41岁之间，26位在41～51岁之间，41位在51～61岁之间，这些失独父母的父母尚健在，父母家总是儿女困倦时的归巢，总是子女爱的港湾。因此，在子女遇到人生的惨剧的时候，父母总会伸出援助之手，全力支持和帮助处于困顿中的孩子。

表 4-21 受访农村失独父母从家庭成员获得的支持照顾情况

	频次	百分比（%）
0*	6	5.0
夫妻（恋人）	85	70.9
父母	13	10.8
兄弟姐妹	9	7.5
其他成员（如妯娌等）	7	5.8
合计	120	100

注：* 0 表示未作答，后同。

对于从家庭成员得到的支持和照顾的程度（见表4-22），61位失独父母认为可以从家庭成员得到全力支持和照顾，占比50.8%；30位失独父母认为从家庭成员得到的支持和照顾为"一般"，占比25.0%；15位失独父母认为从家庭成员得到的支持和照顾为"极少"；14位认为从家庭成员处没有得到什么支持和照顾，占比11.7%。从数据看，有一半的失独父母能够得到家人的全力支持，但也有24.2%的失独父母认为从家人处得到的支持和照顾极少或者根本没有。家庭是一个人生活的最重要的初级群体，在这一群体中人与人的关系将会直接影响个体的生存和生活，因此很有必要提升那些相互支持和照顾较少或者没有照顾行为的家人之间的关系。

表 4-22　受访农村失独父母从家庭成员得到的支持和照顾的程度

	频次	百分比（%）
无	14	11.7
极少	15	12.5
一般	30	25.0
全力支持	61	50.8
合计	120	100

3. 受访农村失独父母的邻里支持情况

表 4-23　受访农村失独父母与邻居的关系

	频次	百分比（%）
相互之间从不关心，只是点头之交	38	31.7
遇到困难可能稍微关心	23	19.2
有些邻居都很关心您	32	27.7
大多数邻居都很关心您	27	22.4
合计	120	100

从邻里支持角度来看（见表4-23），27位失独父母选择"大多数邻居都很关心您"，占比22.4%；32位失独父母选择"有些邻居很关心您"，占比27.7%；23位失独父母选择"遇到困难可能稍微关心"，占比19.2%；38位失独父母选择"相互之间从不关心，只是点头之交"，占比31.7%。远亲不

如近邻，益阳农村失独父母中有一半认为受到了邻里很好的照顾，得到了他们的支持。但也有 31.7% 的人认为得不到邻里的关心与照顾，可见，益阳农村有必要进一步采取措施提升针对失独家庭的邻里互助。

4. 受访农村失独父母对于亲朋、家人、邻居、社区给予的社会支持的看法

对于心理援助的看法（见表 4-24），有 33 位失独父母认为"有必要，很有用"，占比 27.5%；32 位失独父母认为"没有必要，没有作用"，占比 26.7%；9 位失独父母认为"有必要但是不现实"，占比 7.5%；46 位表示"不清楚"，占比 38.3%。可见，有 35.0% 的失独父母认为心理援助有必要，有 65.0% 认为没必要或者不清楚何为心理援助。鉴于此，需要对于心理援助加以宣传或者积极开展心理帮扶活动。

表 4-24　受访农村失独父母对心理援助的看法

	频次	百分比（%）
有必要，很有用	33	27.5
没有必要，没有作用	32	26.7
有必要但是不现实	9	7.5
不清楚	46	38.3
合计	120	100

对于曾经得到的经济支持来源，82 户失独家庭选择"配偶"，占比 68.3%；9 户失独家庭选择"亲戚"，占比 0.8%；8 户选择"邻里"，占比 6.7%；10 户失独家庭选择"朋友"，占比 8.3%；11 户失独家庭选择"村委会干部"，占比 9.2%。可见，农村失独家庭遇到困难情况时，他们得到的经济支持都是大多来自"配偶"和"亲戚"，另外是村委会干部、朋友和邻里。

对于曾经得到的主要安慰和关心来源，有 61 户失独家庭选择"配偶"，占比 50.8%；14 户失独家庭选择"亲戚"，占比 11.7%；13 户失独家庭选择"邻里"，占比 10.8%；18 户失独家庭选择"朋友"，占比 15.0%；14 户失独家庭选择"村委会干部"，占比 11.7%。可以看出，对于失独者的安慰和关心也主要来自于配偶、朋友、亲戚、村委会干部及邻里。

而对于"最希望谁来照顾他们"这一问题。61 户失独家庭选择"配偶"，

占比50.8%；6户失独家庭选择"亲戚"，占比5.0%；2户失独家庭选择"邻里"，占比1.7%；14户失独家庭选择"朋友"，占比11.7%；5户失独家庭选择"村委会干部"，占比4.2%；32户没做选择，调研员了解到这些失独父母感觉没有人会照顾他们，他们只能自我照顾，或者希望政府能给他们安排照顾的人。可见，对于农村失独家庭应该分类型、按照不同的需求开展精准帮扶。

5. 受访农村失独父母的倾诉和求助方式

对于"遇到烦恼时的倾诉方式"（见表4-25），40位失独父母选择"从不向任何人倾诉"，占比33.3%；28位失独父母选择"只向关系极为密切的1~2个人倾诉"，占比23.3%；25位失独父母选择"如果朋友主动询问会说出来"，占比20.8%；27位失独父母选择"主动倾诉自己的烦恼，以获得支持和理解"，占比22.6%。可以发现，主动向别人倾诉自己烦恼的比例较少，失独父母往往选择自我封闭。

表4-25 受访农村失独父母倾诉烦恼方式

	频次	百分比（%）
从不向任何人倾诉	40	33.3
只向关系极为密切的1~2个人诉述	28	23.3
如果朋友主动询问会说出来	25	20.8
主动倾诉自己的烦恼，以获得支持和理解	27	22.6
合计	120	100

对于遇到困难时的求助方式（见表4-26），14位失独父母选择"只靠自己，不接受别人帮助"，占比11.7%；54位失独父母选择"很少请求别人帮助"，占比45.0%；36位失独父母选择"有时请求别人帮助"，占比30.0%；16位失独父母选择"有困难时经常向家人、亲友、组织求援"，占比13.3%。可以发现，56.7%的失独家庭依靠自己解决困难，很少请求别人帮助，农村失独父母往往在困境中采取忍耐的态度、他们往往在遇到苦难时自己扛着，而不是向别人求助。

表 4-26 受访农村失独父母遇到困难时的求助方式

	频次	百分比（%）
只靠自己，不接受别人帮助	14	11.7
很少请求别人帮助	54	45.0
有时请求别人帮助	36	30.0
有困难时经常向家人、亲友、组织求援	16	13.3
合计	120	100

6. 受访农村失独父母的社会交往、参加的活动情况

对于参与村委会活动的情况（见表4-27），48位失独父母选择"从不参加"，占比40.0%；38人选择"偶尔参加"，占比31.7%；19位失独父母选择"经常参加"，占比15.8%；15位失独父母选择"主动参加并积极活动"，占比12.5%。可见，益阳农村失独父母中参加村委会活动的比例不大，对于这一情况，其原因一方面是这些失独父母尚未从失独痛苦中走出，另一方面是村委会组织的活动难以调动这些失独父母的参与热情。

表 4-27 受访农村失独父母参与村委会活动的情况

	频次	百分比（%）
从不参加	48	40.0
偶尔参加	38	31.7
经常参加	19	15.8
主动参加并积极活动	15	12.5
合计	120	100

对于不参加活动的原因（见表4-28），58位失独父母选择"情绪太悲伤，无法参加"，占比48.3%；31位选择"不知道有相关活动举办"，占比25.8%；28位选择"觉得活动太无聊，不想参加"，占比23.3%；除此之外，还有3位失独父母未做任何选择或者没有给出任何其他理由。可见，益阳农村村委会或者社会组织既要加大宣传相关活动，还要提高活动的质量及针对性，以此来提高失独家庭参加活动的积极性。

表 4-28　受访农村失独父母不参加活动的原因

	频次	百分比（%）
情绪太悲伤，无法参加	58	48.3
不知道有相关活动举办	31	25.8
觉得活动太无聊，不想参加	28	23.3
其他	3	2.6
合计	120	100

对于闲暇生活的安排情况（多选题），105 位失独父母选择"收听电视广播节目"，占比 87.5%；5 位失独父母选择"阅读报刊"，占比 4.2%；37 位失独父母选择"上网"和"养花鸟鱼虫"，各占 30.8%；21 位失独父母选择"体育锻炼"，占比 17.5%；67 位失独父母选择"到邻居家串门"，占比 55.8%；81 位失独父母选择了"赶集（庙会）"，占比 67.5%。可见，对于缺乏娱乐性活动的农村而言，看电视、赶集、串门是绝大多数农村居民打发闲暇时间的方式。

对于"需要社会组织提供什么服务"的问题（多选题），数据显示，58 位失独父母选择"定期陪您聊天、锻炼"，占比 48.3%；48 位失独父母选择"节假日为您送祝福与您同乐"，占比 40.0%；42 位失独父母选择"为您提供心理辅导"，占比 35%；7 位失独父母选择"组织失独者集体活动"，占比 5.8%；15 位失独父母选择"为您募集资金"，占比 12.5%；9 位失独父母选择"定期为您打扫房间"，占比 7.5%。可见对于失独父母他们需求社会组织提供的服务依次为：陪伴聊天、锻炼、节日送祝福、心理辅导等，这说明农村失独父母急需有人为其开展精神慰藉的服务。

7. 受访农村失独父母的宗教信仰支持

调研数据显示，益阳农村失独家庭受到宗教影响较小。112 位失独父母选择"没有宗教信仰"，占比 93.3%；只有 8 位失独父母选择了有宗教信仰且帮助他很多。

8. 受访农村失独父母关于领养小孩的看法

数据显示（见表 4-29），绝大部分失独父母不会领养小孩。共 104 户受访家庭选择"不打算领养"，占比 86.7%，16 户有领养小孩的打算，占比 13.3%。之所以会有 16 户选择计划领养小孩，其原因在于这些失独父母年龄尚轻，因此仍然渴望有个孩子能够来到他们的家庭陪伴他们。调研中，调研人员还了解到有些失独父母希望自己能够怀孕、生出自己的孩子。

表 4-29　受访农村失独父母对于领养小孩的打算

	频次	百分比（%）
是	16	13.3
否	104	86.7
合计	120	100

9. 受访农村失独父母对于养老方式的选择

关于理想的养老方式（见表 4-30），有 85 位失独父母选择"居家社区养老"，占比 70.8%；18 位失独父母选择"养老机构养老"，占比 15.0%；17 位失独父母选择其他方式。

表 4-30　受访农村失独父母理想的养老方式

	频次	百分比（%）
居家社区养老	85	70.8
养老机构养老	18	15.0
其他	17	14.2
合计	120	100

10. 受访农村失独父母对于政府和社会提供支持的需要

对于失独父母需要政府和社会提供的社会支持这一问题（见表 4-31），48 位失独父母选择了"政府给予失独家庭的补贴应加大，根据家庭实际情况加大帮扶力度"，占比 40.0%。调研人员了解到这些失独父母认为目前政府给予的补贴完全是按照人头发放，没有考虑到每个家庭的实际情况，有的失独家庭中有病人，需要很多的医疗费用，还有的失独家庭已经失去生育能力，无法再生孩子，有的失独父母认为自己没有养老金来源。因此失独父母认为需要根据每家每户的不同情况来增加补助。

49 位失独父母选择了"逢年过节村委组织送些米、油、慰问金",占比 40.8%;27 位失独父母选择"降低民办养老机构收费",占比 22.5%;31 位选择"社区、社会组织、村委组织开展心理辅导或义诊等服务",占比 25.8%;15 位选择了"志愿者与失独者结成固定对子,定期与他们沟通聊天",占比 12.5%;18 位选择了"政府能主动提供补助,而不是用子女死亡证明换取",占比 15.0%。

表 4-31　受访农村失独父母认为政府和社会应该为失独者做的最迫切的事情

	频次	百分比(%)
降低民办养老机构收费	27	22.5
政府给予失独家庭的补贴应加大;根据家庭的实际情况(如有疾病、无生育能力)加大帮扶力度	48	40.0
政府能主动提供补助,而不是用子女死亡证明换取	18	15.0
社区、社会组织、村委组织开展心理辅导、义诊等服务	31	25.8
逢年过节村委组织送些米、油、慰问金	49	40.8
志愿者与失独者结成固定对子,定期与他们沟通聊天	15	12.5

二、重庆丰都县农村失独家庭社会保障及社会支持现状

2018 年 7 月,课题组在重庆丰都县开展了调研。丰都县共有 30 个乡镇(街道),有 306 户失独家庭,其中,农村失独家庭有 219 户。我们选取了 6 个镇:高家镇、仁沙镇、社坛镇、树人镇、包鸾镇、龙孔镇,共调研 61 户,每户只调查 1 人,共发放问卷 61 份,收回 61 份,回收率 100%。

(一)失独父母的基本情况

1. 基本信息

课题组在重庆丰都县共调查了 61 户农村失独家庭,其中,45 位男性、16 位女性(见表 4-32)。有 16 位调研对象年龄在 51～60 岁,占比 26.2%;23 位调研对象年龄在 61～70 岁,占比 37.7%;15 位调研对象年龄在 71～80 岁,占比 24.6%;6 位调研对象年龄在 80 岁以上,占比 9.8%(见表 4-33)。

表 4-32 受访农村失独父母的性别分布

	频次	百分比（%）
男	45	73.8
女	16	26.2
合计	61	100

表 4-33 受访农村失独父母的年龄分布

	频次	百分比（%）
30 岁及以下	1	1.6
51 岁~60 岁	16	26.2
61 岁~70 岁	23	37.7
71 岁~80 岁	15	24.6
80 岁以上	6	9.8
合计	61	100

文化程度方面（见表 4-34），17 位调研对象是不识字或识字较少，占比 27.9%；27 位调研对象是小学文化，占比 44.3%；15 位调研对象是初中文化，占比 24.6%；1 位调研对象是高中或中专文化，占比 1.6%。

表 4-34 受访农村失独父母的文化程度

	频次	百分比（%）
0	1	1.6
不识字或识字很少	17	27.9
小学	27	44.3
初中	15	24.6
高中或中专	1	1.6
合计	61	100

在婚配方面 30 位调研对象有配偶、夫妻和睦，占比 49.2%；1 位调研对象有配偶但夫妻关系较差，占比 1.6%；30 位调研对象无配偶孤身一人，占比 49.2%（见表 4-35）。相应地，有 29 位调研对象与配偶居住，占比 47.5%；26 位调研对象是独居状态，占比 42.6%；5 位调研对象是其他情况，占比 8.2%。

（见表4-36）

表4-35　受访农村失独父母的婚姻状况

	频次	百分比（%）
有配偶，夫妻和睦	30	49.2
有配偶，但夫妻关系较差	1	1.6
无配偶，孤身一人	30	49.2
合计	61	100

表4-36　受访农村失独父母的居住状态

	频次	百分比（%）
0	1	1.6
独居	26	42.6
与配偶居住	29	47.5
其他	5	8.2
合计	61	100

2. 经济状况

对于受访失独家庭的经济方面的调研（见表4-37），课题组主要设置了包括月收入范围、收入来源、月花费范围、总收入情况、有无经济负担等方面的问题。调研数据显示，34户的月收入在1000元及以下，占比55.7%；22户的月收入为1000～2000（含）元，占比36.1%；3户为2000～3000（含）元，占比4.9%；另各有1户月收入在3000～4000（含）元、4000元以上。

表4-37　受访农村失独父母的每月经济收入

	频次	百分比（%）
1000元及以下	34	55.7
1000～2000（含）元	22	36.1
2000～3000（含）元	3	4.9
3000～4000（含）元	1	1.6
4000元以上	1	1.6
合计	61	100

对于每月的经济来源，课题组设置了多选题，数据显示 61 户受访家庭中，58 户每月的经济来源为政府补贴，占比 95.1%；29 户每月的经济来源为养老保险金；5 户选择了农业劳动收入；2 户选择了老伴供养。可见，政府对于失独家庭的补贴是这类家庭的主要经济来源。（见表 4-38）

表 4-38　受访农村失独父母的每月经济来源（多选）

	频次	百分比（%）
老伴供养	2	3.3
农业劳动收入	5	8.2
养老保险金	29	47.5
个人储蓄	1	1.6
政府补贴	58	95.1
其他	1	1.6

在月支出方面，36 户失独家庭在 1000 元及以下，占比 59.0%；12 户在 1000 ~ 1500（含）元，占比 19.7%；8 户在 1500 ~ 2000（含）元，占比 13.1%；2 户在 2000 ~ 2500（含）元，占比 3.3%；3 户月花费在 2500 元以上，占比 4.9%。

表 4-39　受访农村失独父母的每月支出

	频次	百分比（%）
1000 元（含）及以下	36	59.0
1000 ~ 1500（含）元	12	19.7
1500 ~ 2000（含）元	8	13.1
2000 ~ 2500（含）元	2	3.3
2500 元以上	3	4.9
合计	61	100

对于收入与支出的状况（见表 4-40），40 户认为"大致够用"，占比 65.6%；13 户认为"比较困难"，占比 21.3%；6 户认为"比较宽裕"，占比 9.8%；2 户认为"很困难"，占比 3.3%。

表 4-40　受访农村失独父母的收支状况

	频次	百分比（％）
比较宽裕	6	9.8
大致够用	40	65.6
比较困难	13	21.3
很困难	2	3.3
合计	61	100

而对于经济负担（见表4-41），54户"无额外经济负担"，占比88.5%；7户"有额外经济负担"，占比11.5%。

表 4-41　受访农村失独父母的额外经济负担情况

	频次	百分比（％）
有	7	11.5
无	54	88.5
合计	61	100

3. 有无孙辈

课题组为了了解受访失独家庭的人口结构，设置了有无孙辈这一问题（见表4-42），数据显示，36户失独家庭有孙辈，占比59.0%；25户无孙辈，占比41.0%。分析有孙辈的原因，课题组认为是农村青年结婚较早所致。

表 4-42　受访农村失独父母有无孙辈情况

	频次	百分比（％）
有	36	59.0
无	25	41.0
合计	61	100

4. 子女意外对受访农村失独父母的影响

对于"现在谈起子女的感受"这一问题（见表4-43），7位失独者选择了"心理无法承受，绝不会谈起"，占比11.5%；5位选择了"还会像刚发生一样、无法控制自己的情绪"，占比8.2%；24位选择了"依然很痛苦，但已经能接受现实"，占比39.3%；23位选择了"时隔较长时间，不会太悲伤"，占比37.7%；2位选择了"心理已然麻木，没什么感觉"，占比3.3%。

表 4-43　受访农村失独父母现在谈起子女的感受

	频次	百分比（%）
心理无法承受，绝不会谈起	7	11.5
还会像刚发生一样，无法控制自己的情绪	5	8.2
依然很痛苦，但已经能接受现实	24	39.3
时隔较长时间，不会太悲伤	23	37.7
心理已然麻木，没什么感觉	2	3.3
合计	61	100

而对于"子女发生意外事故，给家庭带来的影响"这一问题（见表4-44），11位失独父母选择了"身心打击极大，难以承受"，占比18.0%；17位选择了"精神创伤无法愈合"，占比27.9%；1位选择了"对未来生活不抱任何希望"，占比1.6%；17位选择了"把一切都看得很淡，无所谓了"，占比27.9%；11位选择了"开始寻找新的生活兴趣和目标"，占比18.0%；4位选择了"坚定了夫妻共同面对困境的决心"，占比6.6%。

表 4-44　子女意外给受访农村失独父母带来的家庭影响

	频次	百分比（%）
身心打击极大，难以承受	11	18.0
精神创伤无法愈合	17	27.9
对未来生活不抱任何希望	1	1.6
把一切都看得很淡，无所谓了	17	27.9
开始寻找新的生活兴趣和目标	11	18.0
坚定了夫妻共同面对困境的决心	4	6.6
合计	61	100

对于"子女的意外对未来生活的影响"（见表4-45），6位失独父母"对生活失去希望"，占比9.8%；14位表示"开始寻找生活新的希望"，占比23.0%；41位表示"对生活已经有了希望"，占比67.2%。

表4-45 子女意外对受访农村失独父母的未来生活的影响

	频次	百分比（%）
对生活失去希望	6	9.8
开始寻找生活新的希望	14	23.0
对生活已经有了希望	41	67.2
合计	61	100

关于"对于生活的期望"这一问题（见表4-46），受访失独父母中8位选择了"昏昏沉沉，没有目标"，占比13.1%；4位选择了"试图寻找新目标，但依然渺茫"，占比6.6%；24位选择了"开始寻找生活新目标"，占比39.3%；25位选择了"已经找到人生新目标"，占比41.0%。

表4-46 受访农村失独父母对生活的期望

	频次	百分比（%）
昏昏沉沉，没有目标	8	13.1
试图寻找新目标，但依然渺茫	4	6.6
开始寻找生活新目标	24	39.3
已经找到人生新目标	25	41.0
合计	61	100

5. 受访农村失独父母认为需要的心理服务

当问及在心理方面急需哪些服务时（见表4-47），26位失独父母选择需要心理疏导，占比42.6%；16位选择"需要邻里劝慰"，占比26.2%；7位表示需要"社区组织外出旅游散心"，占比11.5%；6位表示需要"社区家庭支持小组"，占比9.8%；4位需要"志愿者登门服务"，占比6.6%；2位选择需要"结交新朋友"，占比3.3%。由此可见，失独父母已经意识到需要通过心理和外力的支持帮助走出阴霾。这是一种痛苦中的挣扎，又何尝不是一种无奈的选择呢。

表 4-47 受访农村失独父母最需要的心理服务

	频次	百分比（%）
邻里劝慰	16	26.2
社区家庭支持小组	6	9.8
社区组织外出旅游散心	7	11.5
心理疏导	26	42.6
志愿者登门服务	4	6.6
结交新朋友	2	3.3
合计	61	100

6.受访农村失独父母的身体状况

当问及身体状况如何时（见表 4-48），1 位失独父母表示"非常健康"，占比 1.6%；25 位表示"比较健康"，占比 41.0%；15 位表示"一般"，占比 24.6%；15 位表示"不太好"，占比 24.6%；5 位表示"很不好"，占比 8.2%；身体处于一般以下的有 35 人，占 57.4%。可见，一半以上的失独父母的健康情况需要加以关注。

表 4-48 受访农村失独父母的身体状况

	频次	百分比（%）
非常健康	1	1.6
比较健康	25	41.0
一般	15	24.6
不太好	15	24.6
很不好	5	8.2
合计	61	100

相应地，48 位失独父母"日常生活完全自理"，占比 78.7%；5 位"日常生活偶尔需要照顾"，占比 8.2%；5 位"大部分时间需要有人照顾"，占比 8.2%；3 位"日常生活完全不能自理"，占比 4.9%（见表 4-49）。

表 4-49　受访农村失独父母需要照顾的情况

	频次	百分比（%）
日常生活完全自理	48	78.7
日常生活偶尔需要人照顾	5	8.2
大部分时间需要有人照顾	5	8.2
日常生活完全不能自理	3	4.9
合计	61	100

在月医疗保健支出方面（见表 4-50），51 户失独家庭在 1000 元及以下，占比 83.6%；6 户在 1000 ~ 2000（含）元，占比 9.8%；1 户在 2000 ~ 3000（含）元，占比 1.6%；1 户在 3000 ~ 4000（含）元，占比 1.6%；2 户在 4000 元以上，占比 3.3%。

表 4-50　受访农村失独父母每月医疗保健支出

	频次	百分比（%）
1000 元及以下	51	83.6
1000 ~ 2000（含）元	6	9.8
2000 ~ 3000（含）元	1	1.6
3000 ~ 4000（含）元	1	1.6
4000 元以上	2	3.3
合计	61	100

7. 受访农村失独父母的人际关系

受访农村失独父母与家人的关系问题（见表 4-51），13 位失独父母认为与家人关系非常好，占比 21.3%；25 位认为与家人关系比较好，占比 41.0%；16 位认为与家人关系一般，占比 26.2%、7 位认为与家人关系不太好，占比 11.5%。

表 4-51　受访农村失独父母与家人的关系

	频次	百分比（%）
非常好	13	21.3
比较好	25	41.0
一般	16	26.2
不太好	7	11.5
合计	61	100

受访农村失独父母与邻居的关系问题（见表4-52），9人认为与邻居关系非常好，占比14.8%；27人认为与邻居关系比较好，占比44.3%；15人认为与邻居关系一般，占比24.6%；3人认为与邻居关系不太好，占比4.9%；7人认为与邻居关系很不好，占比11.4%。调研过程中，1位失独者与调研人员说，在他们家孩子没出事之前，邻居和他们的关系很好，但是自从孩子出事后，邻居认为他们家不吉利，所以和他们的来往变得很少了，之后变得越来越差。可见，农村居民对于失独家庭的偏见使得邻里关系恶化。

表 4-52　受访农村失独父母与邻居的关系

	频次	百分比（%）
非常好	9	14.8
比较好	27	44.3
一般	15	24.6
不太好	3	4.9
很不好	7	11.4
合计	61	100

在与社区工作人员接触情况方面(见表4-53)，有50位失独父母选择了"经常接触"，占比82.0%；4位失独父母选择了"偶尔接触"，占比6.6%；7位老人选择了"不接触"，占比11.4%。

表4-53　受访农村失独父母与社区工作人员接触情况

	频次	百分比（%）
经常接触	50	82.0
偶尔接触	4	6.6
不接触	7	11.4
合计	61	100

（二）社会保障现状及需求

社会保障是以国家或政府为主体，依据法律，通过国民收入的再分配，对公民在暂时或永久丧失劳动能力，以及由于各种原因而导致生活困难时给予物质帮助，以保障其基本生活的制度。本质是追求公平，责任主体是国家或政府，目标是满足公民基本生活水平的需要，同时必须以立法或法律为依据。我国社会保障制度主要包括社会保险、社会救助、社会优抚和社会福利等内容。

　1.农村失独家庭领取失独家庭扶助金情况

在受访家庭中，有60户选择领取过扶助金，占比98.36%，领取金额为700元/月，即失独父母每人每年可以领到8400元扶助金，其中有1户失独家庭选择没有领取过扶助金（见表4-54）。经现场调研人员询问得知，该户为新近失独家庭，扶助金手续正在办理，尚未领到费用。这表明，重庆市丰都县对于失独家庭的帮扶政策实施到位，能够及时帮助失独家庭办理扶助金，让这些家庭能够及时获得政府的关爱。在调研过程中，受访人员均对于当地政府的关爱表示感谢。可见，政府对于弱势群体的关爱是失独父母走出困境的主要因素。

表4-54　受访农村失独家庭领取失独家庭扶助金情况

	频次	百分比（%）
是	60	98.36
否	1	1.64
合计	61	100

　2.农村失独家庭对社会保障制度的关注度及参保情况

（1）对社会保障制度的关注

当问及对当地社会保障制度中哪些内容最为关心时（多选题），41户失独家庭选择"养老保险"，占比 67.2%；50 户选择"医疗保险"，占比 82.0%；12 户选择"五保供养最低生活保障"，占比 19.7%；1 户选择"农村危房改造帮扶"，占比 1.6%。可见，丰都县农村失独家庭最为关心的社会保障制度是养老、医疗、低保及住房安全问题，这几个方面与他们的生活息息相关。

（2）参保情况及对保险的评价

对于参加了哪些社会保险的问题（多选题），41 户失独家庭选择"养老保险"，占比 67.2%；56 户选择"医疗保险"，占比 91.8%；15 户选择"最低生活保障"，占比 24.6%。

对于养老保险的评价问题，有 2 户失独家庭选择"覆盖面不广"，占比 3.3%；3 户选择"养老金较低"，占比 4.9%；1 户选择"体制有待完善"，占比 1.6%；1 户选择"个人养老报销缴纳负担重"，占比 1.6%。由此可见，养老保险覆盖面还有待于进一步加大，还需要尽快提高养老金并形成长效增长机制。

对于是否享受最低生活保障制度这一问题，19 户失独家庭享受最低生活保障制度，占比 31.1%；39 户没有享受最低生活保障制度，占比 63.9%。分析数据，我们可以看出享受最低生活保障制度的失独家庭属于少数，原因在于最低生活保障制度是兜底性制度，只有那些生活极其困苦的家庭才能享受这项制度，这也说明还有三成的失独家庭生活极其困苦，需要政府及社会给予更多帮扶。当我们向享受最低生活保障的失独家庭咨询此项制度存在什么问题时，有 1 户失独家庭选择"资金难以落实"；1 户失独家庭选择"农村最低生活保障制度配套措施不健全"；2 户失独家庭选择"对象限定不合理"。可见，最低生活保障制度在资金落实、对象限定方面尚存在不尽符合群众需求的问题。

（3）对"新农合"的了解及就医情况

对于是否知道新农合这一提问（见表 4-55），48 户失独家庭选择知道新农合，占比 78.7%。这表明新农合在农村失独家庭中有较高的知晓度。这项社会保障制度与百姓的生活息息相关，看病取药都与之关联。

表 4-55　受访农村失独父母对于农村新农合的了解情况

	频次	百分比（％）
是	48	78.7
否	13	21.3
合计	61	100

当问及生病时愿意去哪儿就医时，29 户失独家庭选择"去药店自己买药"，占比 47.5%；1 户失独家庭选择"卫生所"，占比 1.6%；1 户失独家庭选择"私人诊所"，占比 1.6%；25 户失独家庭选择"乡镇医院"，占比 41%；5 户失独家庭选择"县市级医院"，占比 8.2%。可见，在农村大部分失独家庭会选择自己买药或者去乡镇医院等，而不会选择县市级相对大型的医院。

对于看病报销率是否满意的问题（见表 4-56），28 户失独家庭选择了"非常满意"，32 户选择了"基本满意"，只有 1 户选择了"不知道"。可见，丰都县农村失独家庭对于看病报销的情况总体满意。

表 4-56　受访农村失独家庭对报销率的满意情况

	频次	百分比（％）
非常满意	28	45.9
基本满意	32	52.5
不知道	1	1.6
合计	61	100

而对于目前医疗方面需要做哪些改进的问题，1 户失独家庭选择"增加药品种类"，占比 1.6%；1 户失独家庭选择"改善扩建卫生所"，占比 1.6%；4 户失独家庭选择"改善服务态度"，占比 6.6%；7 户失独家庭选择"提高医生技术水平"，占比 11.5%。可见，对于老龄化日益严重的农村，加强和提高医疗水平很有必要。

（4）农村失独家庭对于生活及社会保障满意度

对于日常生活的满意度问题，34 户失独家庭认为"生活很踏实"，占比 55.7%；21 户失独家庭感觉"一般，基本可以达到要求"，占比 34.4%；2 户失独家庭感觉"生活没有得到切实保障，需要多攒钱来养老"，占比 3.3%；

4 户失独家庭未做选择。总体来看，丰都县接近九成的农村失独家庭生活踏实、基本可以达到要求，但对于选择"生活没有得到切实保障，需要多攒钱来养老"及未进行选择的失独家庭我们需要给予更多的关注。

对于对失独家庭救助金是否满意的问题，22 户失独家庭对救助金额"非常满意"，占比 36.1%；32 户失独家庭对救助金额"基本满意"，占比 52.5%；1 户失独家庭表示"不知道"，占比 1.6%；6 户未做任何选择。总体看失独家庭对救助金额满意。在访谈中，调研人员也深切感受到绝大部分访谈对象对现行的救助金额以及看病报销率满意，没有什么怨言，而且都设身处地为国家、政府考虑，生怕为国家添麻烦。可见处于困境中的农村失独家庭父母并不像一些官员所认为的那样会无理取闹、不断上访，相反是懂得满足、善于感恩的弱势群体。

（5）对政府及社会的需求情况

当问及政府和社会应该为失独家庭做些什么时，25 户失独家庭选择"适当增加失独群体养老金补贴"，占比 41.0%；12 户失独家庭选择"加强对失独者就医补助"，占比 19.7%；6 户失独家庭选择"建立专门服务失独者的养老院"，占比 9.8%；4 户失独家庭选择"成立失独群体专项公益基金组织"，占比 6.6%；6 户失独家庭选择"为失独群体提供特制的养老保险"，占比 9.8%；6 户失独家庭选择"开展以政府或社会公益组织为主导的针对失独群体的社会服务"，占比 9.8%；3 户失独家庭选择"制定完善失独群体的权益保护与养老相关的法律法规制度"，占比 4.9%。可见，对于一直受"养儿防老"传统思想影响的农村失独父母来说，养老和医疗总是他们的焦虑。

（三）农村失独家庭的社会支持现状及需求

社会支持是指一个人通过社会互动关系所获得的能减轻心理应激反应、缓解精神紧张状态、提高社会适应能力的支持与帮助。它主要来自家庭成员、亲友、同事，团体或组织，也可来自政府。健全的社会支持体系能够帮助个体解决危机，有效应对困境。为了了解失独父母的社会支持现状及需求，课题组从失独父母的朋友、家人、邻居及社区、政府等社会支持源对失独家庭遇到困难时求助对象的选择以及日常活动安排等方面开展了调研。

1.受访失独父母的朋友数量情况

表 4-57　受访农村失独父母拥有关系密切朋友的数量

	频次	百分比（%）
一个也没有	25	41.0
1~2个	12	19.7
3~5个	14	23.0
6个或6个以上	10	16.4
合计	61	100

从调查数据来看（见表 4-57），拥有 1 ~ 2 个关系密切朋友的失独家庭有 12 户，占比 19.7%；14 户失独家庭拥有 3 ~ 5 个关系密切的朋友，占比23.0%；10 户失独家庭拥有 6 个或 6 个以上关系密切的朋友，占比 16.4%；25户失独家庭"一个关系密切的朋友也没有"，占比 41.0%。可见，大部分失独家庭至少有一个关系密切的朋友，但有超过 40% 的失独家庭没有关系密切的朋友，他们需要更多的其他方面的社会支持。

2.受访失独父母的家庭支持情况

家庭是个体生活的初级群体，因此家庭成员的支持对于个体的生存和发展至关重要，一个家人相处和谐、互相能够支持的家庭往往是个体情感能够得到依托、身心能够得到放松的地方。对于与谁居住在一起这一问题（见表 4-58），受访失独父母中，有 35 人选择了"和家人住在一起"，占比 57.4%；24 人选择了"远离家人，且独居一室"，占比 39.3%；2 人选择了"和朋友住在一起"，占比 3.3%。

表 4-58　受访农村失独父母近一年来的居住情况

	频次	百分比（%）
远离家人，且独居一室	24	39.3
和朋友住在一起	2	3.3
和家人住在一起	35	57.4
合计	61	100

对于农村失独父母能够从哪些家庭成员获得支持照顾的问题（见表4-59），调研数据显示，26位失独父母是从夫妻（恋人）那里得到支持照顾，占比42.6%；14位失独父母从兄弟姐妹那里得到支持照顾，占比23.0%；还有21位失独父母从其他成员（如姊娌等）那里得到支持照顾，占比34.4%。可见，在农村失独家庭配偶是支持照顾的主要依靠对象。事实上配偶是一个家庭中最重要的角色，夫妻同心，其利断金。尤其在面临困境的时候，夫妻互相鼓励、携手应对，才能共同抵御突如其来的风险，才能增强家庭韧性，才能增强家庭的抗逆力。在调研过程中，调研员总能看到有的农村失独父母在独生子女离世后，夫妻二人携手直面人生的情形，正是由于在困境面前他们没有相互指责，没有向厄运低头，才逐渐走出了人生的阴霾！

表4-59　受访农村失独父母从家庭成员获得支持照顾的情况

	频次	百分比（%）
夫妻（恋人）	26	42.6
兄弟姐妹	14	23.0
其他成员（如姊娌等）	21	34.4
合计	61	100

在任何家庭中，夫妻双方是最重要的家庭成员，夫妻携手共渡难关是一个家庭应对困境的最好办法。但是，在失独家庭中也有夫妻由于子女的意外而相互指责，感情变淡，甚至导致离异等情形的出现。当然，也有的夫妻在困境面前更为团结。课题组在丰都县农村调研过程中，发现农村夫妻之间的埋怨会少一些，他们更多的是互相支持与照顾共同渡过困难。另外有些年纪较大的失去配偶的失独者则由兄弟姐妹或其他成员照顾，夫妻和兄弟姐妹、其他成员充当起了最重要的非正式支持照顾者角色。

而对于从家庭成员得到的支持和照顾的程度（见表4-60），15位失独父母认为可以从家庭成员得到全力支持和照顾，占比24.6%；29位失独父母认为从家庭成员得到的支持和照顾为"一般"，占比47.5%；9位失独父母认为从家庭成员得到的支持和照顾为"极少"，占比14.8%；8位认为从家庭成员处没有得到什么支持和照顾，占比13.1%。

表 4-60　受访农村失独父母从家庭成员得到的支持和照顾的程度

	频次	百分比（%）
无	8	13.1
极少	9	14.8
一般	29	47.5
全力支持	15	24.6
合计	61	100

3. 受访农村失独父母的邻里支持情况

从邻里支持角度来看（见表 4-61），21 位失独父母选择"大多数邻居都很关心您"，占比 34.4%；9 位失独父母选择"有些邻居都很关心您"，占比 14.8%；7 位失独父母选择"遇到困难可能稍微关心"，占比 11.5%；24 位失独父母选择"相互之间从不关心，只是点头之交"，占比 39.3%。我们可以发现，半数失独家庭可以得到邻居的关心，邻里关系较好，邻居充当起很重要的非正式支持照顾者，但是，"点头之交"的邻居和"稍微关心"的邻居也占了很大比例。可见，需要加强丰都县农村失独家庭邻里间的关系，发挥好邻居这个非正式支持照顾者的角色。

表 4-61　受访农村失独父母与邻居的关系

	频次	百分比（%）
相互之间从不关心，只是点头之交	24	39.3
遇到困难可能稍微关心	7	11.5
有些邻居很关心您	9	14.8
大多数邻居都很关心您	21	34.4
合计	61	100

4. 受访农村失独父母对于亲朋、家人、邻居、社区给予的社会支持的看法

对于心理援助的看法（见表 4-62），有 35 户失独家庭认为"有必要，很有用"，占比 57.4%；13 户失独家庭"不清楚"，占比 21.3%；4 户失独家庭认为"没有必要，没有作用"，占比 6.6%；4 户失独家庭认为"有必要但是不现实"，占比 6.6%；5 户未做任何选择。由此我们得知，丰都县农村失独家庭对心理援助的看法是比较积极的，大部分失独家庭了解心理援助的意

义和作用。但是也有的农村失独家庭由于自身文化或心理宣传不到位等原因，而不知道心理援助能起到什么作用。

表 4-62　受访农村失独父母对心理援助的看法

	频次	百分比（％）
0	5	8.2
有必要，很有用	35	57.4
没有必要，没有作用	4	6.6
有必要但是不现实	4	6.6
不清楚	13	21.3
合计	61	100

对于曾经得到的经济支持来源，13 户失独家庭选择"配偶"，占比 21.3%；28 户失独家庭选择"亲戚"，占比 45.9%；各有 3 户失独家庭选择"邻里""朋友"，各占 4.9%；14 户失独家庭选择"村委会干部"，占比 23.0%。我们可以发现，当丰都县农村失独家庭遇到困难情况时，他们得到的经济支持大多来自"配偶"和"亲戚"。其实不只是在经济支持，在其他方面的支持也基本是这两种成员充当支持者角色，这与我国农村多年形成的"差序格局"密不可分，与自己这个中心最为密切的圈子必然是配偶与亲戚这样的"内圈中的人"，他们也就责无旁贷承担起了照顾失独者的责任。同时，23.0% 的失独家庭认为村委会干部对于他们给予了经济支持，这反映了丰都县对于计生特殊家庭的帮扶落到了实处，受到了这一群体的认可。

对于曾经得到的安慰和关心来源，有 14 位失独父母选择"配偶"，占比 23.0%；24 位失独父母选择"亲戚"，占比 39.3%；14 位失独父母选择"村委会干部"，占比 23.0%；5 位失独父母选择"朋友"，占比 8.2%；4 位选择"邻里"，占比 6.6%。

而对于"最希望谁来照顾他们"这一问题。26 户失独家庭选择"亲戚"，占比 42.6%；有 18 户失独家庭选择"配偶互相照顾"，占比 29.5%；10 户失独家庭选择"村委会干部"，占比 16.4%；7 户失独家庭选择"朋友"，占比 11.5%。可见，失独父母的身心均因失独而欠佳，他们都渴望有来自亲戚的帮扶和照顾。但是如果没有亲戚或者虽有亲戚但亲戚不管他们的话，他们只能是夫妻相怜、互相照顾，或者寄希望于村委会干部或者朋友。

5. 受访农村失独父母的倾诉和求助方式

对于"遇到烦恼时的倾诉方式"（见表 4-63），受访农村失独父母中有 30 位选择"从不向任何人倾诉"，占比 49.2%；18 位选择"主动倾诉自己的烦恼以获得支持和理解"，占比 29.5%；13 位选择"只向关系极为密切的 1 ～ 2 个人倾诉"，占比 21.3%。可以发现，主动向别人倾诉自己烦恼的很少，从不向别人倾诉的占比很大。失独父母往往会选择自我封闭、憋在心里，日久天长只会引发身心疾病。

表 4-63　受访农村失独父母倾诉烦恼的方式

	频次	百分比（%）
从不向任何人倾诉	30	49.2
只向关系极为密切的 1~2 个人倾诉	13	21.3
主动倾诉自己的烦恼以获得支持和理解	18	29.5
合计	61	100

对于遇到困难时的求助方式（见表 4-64），有 29 位失独父母选择"有困难时经常向家人、亲友、组织求援"，占比 47.5%；16 位失独父母选择"只靠自己，不接受别人帮助"，占比 26.2%；10 位失独父母选择"有时请求别人帮助"，占比 16.4%；6 位失独父母选择"很少请求别人帮助"，占比 9.8%。我们可以发现，与上述遇到烦恼时的倾诉方式不同的是，大部分失独家庭会选择有困难时常向家人、亲友、组织求援，以此来解决困难，只有不到一成的失独家庭很少请求别人帮助。

表 4-64　受访农村失独父母遇到困难的求助方式

	频次	百分比（%）
只靠自己，不接受别人帮助	16	26.2
很少请求别人帮助	6	9.8
有时请求别人帮助	10	16.4
有困难时经常向家人、亲友、组织求援	29	47.5
合计	61	100

综合上述两点，从倾诉、求助方面来看，由于农村人习惯了对于苦闷的隐忍，因此在有烦恼时很少向外界求助。只有当遇到困难时，失独家庭才会向外界求助，包括家人、亲友、组织等。因此，需要更多来自社会的心理支持，鼓励失独父母敞开心扉，经常倾诉，把自己的想法或者存在的困难说出来，尤其是要对身边的家人、亲戚、朋友、组织等说出来。

6. 受访农村失独父母的社会交往、参加的活动情况

对于参与村委会活动的情况（见表4-65），各有22位失独父母选择"主动参加并积极活动"和"经常参加"，各占比36.1%；10位选择"从不参加"，占比16.4%；7位选择"偶尔参加"，占比11.5%。可以看出，丰都县农村失独家庭参加村委会活动非常积极，七成以上经常参加各种活动。

表4-65 受访农村失独父母参与村委会活动的情况

	频次	百分比（%）
从不参加	10	16.4
偶尔参加	7	11.5
经常参加	22	36.1
主动参加并积极活动	22	36.1
合计	61	100

对于闲暇生活的安排情况，20位失独父母选择"到邻居家串门"，占比32.8%；17位选择"赶集（庙会）"，占比27.9%；17位选择"收听电视广播节目"，占比27.9%；选择"阅读报刊"和"上网"以及"体育锻炼"的各有1位失独父母，各占比1.6%。

除了居委会开展的活动，课题组为了了解失独父母对于社会组织服务的需求设置了"需要社会组织提供什么服务"的问题。数据显示，各有12位失独父母选择了"定期陪您聊天、锻炼"和"节假日为您送祝福与您同乐"，各占19.7%；4位失独父母选择"定期为您打扫房间"，占比6.6%；各有6位失独父母选择"组织失独者集体活动"和"为您提供心理辅导"，各占9.8%；1位选择"为您募集资金"，占比1.6%。我们可以发现，失独父母最为迫切的需求有陪聊、节日送祝福等。这几项都有一个共同点，就是陪伴，或者说是心与心的交流。可见，失独父母需要有人开展精神慰藉的服务。

7.受访农村失独父母的宗教信仰支持

调研数据显示，丰都县农村失独家庭几乎都没有宗教信仰。共60位失独父母选择"没有宗教信仰"，占比98.4%，只有1位选择了有宗教信仰且帮助他很多。

8.受访农村失独父母关于领养小孩的看法

数据显示（见表4-66），失独父母绝大部分不会领养小孩。共54户受访父母选择"不打算领养"，占比88.5%，只有3户有领养小孩的打算。4户向课题组表示没有考虑过这个事情。

表4-66　受访农村失独父母对于领养小孩的打算情况

	频次	百分比（%）
0	4	6.6
是	3	4.9
否	54	88.5
合计	61	100

9.受访农村失独父母对于养老方式的选择

关于理想的养老方式（见表4-67），有54位失独父母选择"居家社区养老"，占比88.5%；6位选择"养老机构养老"，占比9.8%；1位选择其他方式。

表4-67　受访农村失独父母的理想养老方式

	频次	百分比（%）
居家社区养老	54	88.5
养老机构养老	6	9.8
其他	1	1.6
合计	61	100

对于是否有必要建立专门失独老人养老院这一问题（见表4-68），45位失独父母选择"没必要建立失独老人养老院"，占比73.8%；12位失独父母选择"有必要"，占比19.7%。4位失独父母未做任何选择，表示没有考虑过这类事情。

表 4-68　受访农村失独父母对于建立专门失独老人养老院的看法

	频次	百分比（%）
0	4	6.6
有必要	12	19.7
没必要	45	73.8
合计	61	100

10. 受访农村失独父母对于政府和社会提供支持的需要

为了进一步了解受访失独父母需要政府和社会提供的社会支持，我们设定了经济支持、物质帮扶、精神慰藉等方面的问题。

调查数据显示（见表 4-69），19 位失独父母选择"逢年过节村委组织送些米、油、慰问金"的共占比 31.15%；17 位失独父母选择"政府给予失独家庭的补贴应加大；根据家庭（如有疾病、无生育能力）的实际情况加大帮扶力度"，占比 27.87%；11 人选择"社区、社会组织、村委组织开展心理辅导或义诊等服务"，占比 18.03%；8 人选择"志愿者能与失独者结成固定对子，定期与他们沟通聊天"，占比 13.11%；另外各有 2 人选择"降低民办养老机构收费""政府能主动提供补助，而不是用子女死亡证明换取"，分别占比 3.28%。

表 4-69　受访农村失独父母认为政府和社会应该为失独者做的最迫切事情

	频次	百分比（%）
降低民办养老机构收费	2	3.28
政府给予失独家庭的补贴应加大；根据家庭（如有疾病、无生育能力）的实际情况加大帮扶力度	17	27.87
政府能主动提供补助，而不是用子女死亡证明换取	2	3.28
社区、社会组织、村委组织开展心理辅导或义诊等服务	11	18.03
逢年过节村委组织送些米、油、慰问金	19	31.15
志愿者能与失独者结成固定对子，定期与他们沟通聊天	8	13.11
其他	2	3.28
合计	61	100

三、四川仁寿县农村失独家庭社会保障及社会支持现状

课题组在重庆丰都县调研结束后紧接着前往四川仁寿县农村开展了调研。在仁寿县共调查了七个乡镇，包括黑龙滩镇、龙正镇、钟祥镇、慈航镇、满井镇、洪峰乡和彰加镇，期间共调研 66 户农村失独家庭，按照每户调查一人的方式，共发放问卷 66 份，收回 66 份，回收率 100%。

（一）失独父母的基本情况

1. 基本信息

课题组在四川仁寿县共调查了 66 户农村失独家庭（见表 4-70），其中，38 位男性、28 位女性。有 6 位调研对象年龄在 41～50 岁区间，占比 9.1%；有 19 位调研对象年龄在 51～60 岁区间，占比 28.8%；27 位调研对象年龄在 61～70 岁区间，占比 40.9%；13 位调研对象年龄在 71～80 岁区间，占比 19.7%；1 位调研对象年龄在 80 岁以上，占比 1.5%（见表 4-71）。

表 4-70 受访农村失独父母的性别分布

	频次	百分比（%）
男	38	57.6
女	28	42.4
合计	66	100

表 4-71 受访农村失独父母的年龄分布

	频次	百分比（%）
41～50 岁	6	9.1
51～60 岁	19	28.8
61～70 岁	27	40.9
71～80 岁	13	19.7
80 岁以上	1	1.5
合计	66	100

文化程度方面（见表 4-72），15 位调研对象不识字或识字很少，占比 22.7%；31 位调研对象是小学文化，占比 47.0%；15 位调研对象是初中文化，

占比 22.7%；5 位调研对象是高中或中专文化，占比 7.6%。

表 4-72 受访农村失独父母的文化程度

	频次	百分比（%）
不识字或识字很少	15	22.7
小学	31	47.0
初中	15	22.7
高中或中专	5	7.6
合计	66	100

在婚配方面（见表 4-73），50 位调研对象有配偶，夫妻和睦，占比 75.8%；1 位调研对象有配偶，但夫妻关系较差，占比 1.5%；15 位调研对象无配偶，孤身一人，占比 22.7%。相应地（见表 4-74），有 50 位调研对象与配偶居住，占比 75.8%；15 位调研对象是独居状态，占比 22.7%；1 位调研对象与亲戚居住，占比 1.5%。总体看，仁寿县受访失独父母配偶支持较好，对于独居、无配偶失独者需要更多关注。

表 4-73 受访农村失独父母的婚姻状况

	频次	百分比（%）
有配偶，夫妻和睦	50	75.8
有配偶，但夫妻关系较差	1	1.5
无配偶，孤身一人	15	22.7
合计	66	100

表 4-74 受访农村失独父母的居住状态

	频次	百分比（%）
独居	15	22.7
与配偶居住	50	75.8
与亲戚居住	1	1.5
合计	66	100

2. 经济状况

对于受访失独家庭的经济方面的调研，课题组主要设置了包括月收入范围、收入来源、月支出范围、总收入情况、有无经济负担等方面的问题。调研数据显示（见表4–75），38户的月收入在1000元及以下，占比57.6%；17户的月收入在1000 ~ 2000（含）元之间，占比25.8%；6户的月收入在2000 ~ 3000（含）元之间，占比9.1%；4户在3000 ~ 4000（含）元之间，占比6.1%；1户月收入在4000元以上，占比1.5%。

表4–75　受访农村失独父母的每月经济收入

	频次	百分比（%）
1000元及以下	38	57.6
1000 ~ 2000（含）元	17	25.8
2000 ~ 3000（含）元	6	9.1
3000 ~ 4000（含）元	4	6.1
4000元以上	1	1.5
合计	66	100

对于每月的经济来源（见表4–76），课题组设置了多选题，数据显示66户受访家庭中，45户选择了政府补贴，占比68.2%；20户选择了养老保险金，占比30.3%；25户选择了农业劳动收入，占比37.9%；各有2户选择了老伴供养、个人储蓄、亲友资助，各占3.0%。可见，政府对于失独家庭的补贴是这类家庭的主要经济来源。

表4–76　受访农村失独父母的每月经济来源（多选）

	频次	百分比（%）
老伴供养	2	3.0
农业劳动收入	25	37.9
养老保险金	20	30.3
个人储蓄	2	3.0
政府补贴	45	68.2
亲友资助	2	3.3
其他	14	21.2

在月支出方面（见表4-77），35户失独家庭在1000元及以下，占53.0%；16户在1000～1500（含）元之间，占24.2%；各有5户在1500～2000（含）元、2000～2500（含）元、2500元以上，各占7.6%。

表4-77 受访农村失独父母的每月花费

	频次	百分比（%）
1000元及以下	35	53.0
1000～1500（含）元	16	24.2
1500～2000（含）元	5	7.6
2000～2500（含）元	5	7.6
2500元以上	5	7.6
合计	66	100

对于收入与支出的状况（见表4-78），46户认为"大致够用"，占比69.7%；17户认为"比较困难"，占比25.8%；3户认为"很困难"，占比4.5%。

表4-78 受访农村失独父母的收支状况

	频次	百分比（%）
大致够用	46	69.7
比较困难	17	25.8
很困难	3	4.5
合计	66	100

而对于额外经济负担（见表4-79），无额外经济负担的有43户，占比65.2%；23户有额外经济负担，占比34.8%。比较四川仁寿县与重庆丰都县的数据可以发现仁寿县受访失独家庭中，有额外经济负担的家庭多于丰都县。

表 4-79　受访农村失独父母的额外经济负担情况

	频次	百分比（%）
有	23	34.8
无	43	65.2
合计	66	100

3. 有无孙辈

课题组为了了解受访失独家庭的人口结构，设置了有无孙辈这一问题，数据显示（见表 4-80），31 户失独家庭有孙辈，占比 47.0%；35 户无孙辈，占比 53.0%。这一数据在四川仁寿县和重庆丰都县两地都显示了类似的情况，表明农村失独家庭有孙辈的特性。

表 4-80　受访农村失独家庭有无孙辈情况

	频次	百分比（%）
有	31	47.0
无	35	53.0
合计	66	100

4. 子女发生意外对受访农村失独父母的影响

在调研时，有的失独者一谈起已故的孩子就会泣不成声，难以自控，课题组成员觉得是在再次揭失独者的伤疤，但是出于对于失独者困境的考虑，还是尽可能开展了调研。在调研现场发现，多数失独母亲难以控制自己的悲痛之情。因此，课题组出于安全的考虑，在失独母亲情绪难以控制的情形下，受访对象以失独父亲为主。

对于"现在谈起子女的感受"这一问题（见表 4-81），7 位失独者选择了"心里无法承受，绝不会谈起"，占比 10.6%；13 位失独者选择了"还会像刚发生一样，无法控制自己的情绪"，占比 19.7%；15 位失独者选择了"依然很痛苦，但已经能接受现实"，占比 22.7%；26 位失独者选择了"时隔较长时间，不会太悲伤"，占比 39.4%；5 位失独者选择了"心里已然麻木，没什么感觉"，占比 7.6%。

表 4-81　受访农村失独父母现在谈起子女的感受

	频次	百分比（%）
心里无法承受，绝不会谈起	7	10.6
还会像刚发生一样，无法控制自己的情绪	13	19.7
依然很痛苦，但已经能接受现实	15	22.7
时隔较长时间，不会太悲伤	26	39.4
心里已然麻木，没什么感觉	5	7.6
合计	66	100

而对于"子女的意外事故给家庭带来的影响"这一问题（见表 4-82），23 位失独者选择了"身心打击极大，难以承受"，占比 34.8%；12 位选择了"精神创伤无法愈合"，占比 18.2%；2 位选择了"对未来生活不抱任何希望"，占比 3.0%；6 位选择"把一切都看得很淡、无所谓了"，占比 9.1%；19 位选择了"积极寻找新的生活兴趣和目标"，占比 28.8%；4 位选择了"坚定了夫妻共同面对困境的决心"，占比 6.1%。

表 4-82　子女意外事故给受访农村失独父母带来的家庭影响

	频次	百分比（%）
身心打击极大，难以承受	23	34.8
精神创伤无法愈合	12	18.2
对未来生活不抱任何希望	2	3.0
把一切都看得很淡、无所谓了	6	9.1
积极寻找新的生活兴趣和目标	19	28.8
坚定了夫妻共同面对困境的决心	4	6.1
合计	66	100

对于"子女的意外对未来生活的影响"看法（见表 4-83），14 位失独者"对生活失去希望"，占比 21.2%；21 位表示"开始寻找生活新的希望"，占比 31.8%；31 位表示"对生活已经有了希望"，占比 47.0%。

表 4-83　子女发生意外事故对受访农村失独父母的未来生活的影响

	频次	百分比（%）
对生活失去希望	14	21.2
开始寻找生活新的希望	21	31.8
对生活已经有了希望	31	47.0
合计	66	100

关于"对生活的期望"这一问题（见表 4-84），受访失独父母中 15 位选择了"昏昏沉沉，没有目标"，占比 22.7%；11 位选择了"试图寻找新目标，但依然渺茫"，占比 16.7%；14 位选择了"开始寻找生活新目标"，占比 21.2%；26 位选择了"已经找到人生新目标"，占比 39.4%。

表 4-84　受访农村失独父母对生活的期望

	频次	百分比（%）
昏昏沉沉，没有目标	15	22.7
试图寻找新目标，但依然渺茫	11	16.7
开始寻找生活新目标	14	21.2
已经找到人生新目标	26	39.4
合计	66	100

从上述调研数据可以看出，失独事件对于失独父母而言构成了致命的打击，有的经过了艰难的调整适应，才慢慢走出来，但大多数家庭仍然处于悲痛与迷茫之中，急需外力助推其走出阴影。

5. 受访农村失独父母认为需要的心理服务

当问及在心理方面急需哪些服务时（见表 4-85），27 位失独者选择需要心理疏导，占比 40.9%；16 位选择需要邻里劝慰，占比 24.2%；8 位表示需要社区组织外出旅游散心，占比 12.1%；7 位表示需要社区家庭支持小组，占比 10.6%；5 位选择需要志愿者登门服务，占比 7.6%；3 位选择需要结交新朋友，占比 4.5%。由此可见，仁寿县和丰都县的农村失独父母一样，都已经意识到需要通过心理和外力的支持帮助他们走出阴霾。

表 4-85　受访农村失独父母最需要的心理服务

	频次	百分比（%）
邻里劝慰	16	24.2
社区家庭支持小组	7	10.6
社区组织外出旅游散心	8	12.1
心理疏导	27	40.9
志愿者登门服务	5	7.6
结交新朋友	3	4.5
合计	66	100

6. 受访农村失独父母的身体状况

当问及身体状况如何时（见表 4-86），24 位失独父母表示"不太好"，占比 36.4%；17 位表示"一般"，占比 25.8%；14 位表示"比较健康"，占比 21.2%；4 位表示"非常健康"，占比 6.1%。身体处于一般及以下的有 48 人，占比 72.8%。比较仁寿县与丰都县的调研数据，我们可以发现仁寿县农村失独父母的健康情况不如丰都县失独父母，处于一般情况下的失独父母占多数。可见，农村失独父母的健康情况急需政府和社会各界加以关注。

表 4-86　受访农村失独父母的身体状况

	频次	百分比（%）
非常健康	4	6.1
比较健康	14	21.2
一般	17	25.8
不太好	24	36.4
很不好	7	10.6
合计	66	100

虽然健康情况不容乐观，但是由于农村人的忍耐、吃苦、自立的特性，对于需要照顾的情况（见表 4-87），62 位失独父母选择了"日常生活完全自理"，占比 93.9%；各有 2 位选择了"日常生活偶尔需要人照顾""大部分

时间需要有人照顾"，各占比 3.0%。

表 4-87 受访农村失独父母需要照顾的情况

	频次	百分比（%）
日常生活完全自理	62	93.9
日常生活偶尔需要人照顾	2	3.0
大部分时间需要有人照顾	2	3.0
合计	66	100

在每月医疗支出方面（见表 4-88），54 户失独家庭在 1000 元及以下，占比 81.8%；9 户在 1000～2000（含）元，占比 13.6%；各有 1 户选择了 2000～3000（含）元、3000～4000（含）元、4000 元以上，各占比 1.5%。

表 4-88 受访农村失独家庭每月医疗支出情况

	频次	百分比（%）
1000 元及以下	54	81.8
1000～2000（含）元	9	13.6
2000～3000（含）元	1	1.5
3000～4000（含）元	1	1.5
4000 元以上	1	1.5
合计	66	100

7. 受访农村失独父母的人际关系

对于个体与家人的关系问题（见表 4-89），34 位失独父母认为与家人关系非常好，占比 51.5%；21 位认为与家人关系比较好，占比 31.8%；6 位认为与家人关系一般，占比 9.1%；3 位认为与家人关系不太好，占比 4.5%；2 位认为与家人关系很不好，占比 3.0%。整体而言，仁寿县农村失独父母家庭关系较好，这对于克服生活中的难题提供了有力的家庭支持。

表 4-89　受访农村失独父母与家人的关系

	频次	百分比（%）
非常好	34	51.5
比较好	21	31.8
一般	6	9.1
不太好	3	4.5
很不好	2	3.0
合计	66	100

对于与邻居的关系（见表 4-90），22 人认为与邻居关系非常好，占比33.3%；31 人认为与邻居关系比较好，占比 47.0%；13 人认为与邻居关系一般，占比 19.7%。没有失独父母认为与邻居关系很不好的情形。

表 4-90　受访农村失独父母与邻居的关系

	频次	百分比（%）
非常好	22	33.3
比较好	31	47.0
一般	13	19.7
合计	66	100

在与社区工作人员接触情况方面（见表 4-91），有 32 位失独父母选择了"经常接触"，占比 48.5%；30 位失独父母选择了"偶尔接触"，占比 45.5%；4位父母选择了"不接触"，占比 6.0%。比较而言，重庆丰都县农村失独父母与社区工作人员接触较多，这与丰都县卫健委人员的辛勤工作是分不开的。

表 4-91　受访农村失独父母与社区工作人员接触情况

	频次	百分比（%）
经常接触	32	48.5
偶尔接触	30	45.5
不接触	4	6.0
合计	66	

（二）社会保障现状及需求

为了保障公民的基本生活，我国政府依据法律，对公民在由于自身或者外力导致暂时或永久丧失劳动能力而生活困难时给予物质帮助。该制度的本质是追求公平，目标在于满足公民基本生活水平的需要。社会保险、社会救助、社会优抚和社会福利是我国社会保障制度的主要内容。

1. 受访农村失独家庭领取"失独家庭"扶助金情况

在受访家庭中（见表4-92），有59户失独家庭领取过"失独家庭"扶助金，占比89.4%，领取金额皆为650元/月，也就是说，每人每年可以领到7800元扶助金。但是，有7户失独家庭没有领取过"失独家庭"扶助金，经现场调研人员询问得知，这7户刚成为失独家庭，扶助金手续还没办理妥当，在我们调研的时候暂时还没有领到扶助金。比较仁寿县与丰都县的扶助金金额可以发现，丰都县每月比仁寿县多50元，也就是对于失独夫妻而言，丰都县每对失独夫妇每月领到的扶助金比仁寿县的失独夫妇多100元。虽然金额有所差距，但是两地的失独父母均对政府的帮扶表示感谢，认为是党的好政策帮扶了他们，话语中对党和政府的关心充满了感激之情。

表 4-92 受访农村失独家庭领取"失独家庭"扶助金情况

	频次	百分比（%）
是	59	89.4
否	7	10.6
合计	66	100

2. 农村失独家庭对社会保障制度的关注度及参保情况

（1）对社会保障制度的关注

当问及对当地社会保障制度中哪些内容最为关心时，有49户失独家庭选择"养老保险"，占比74.2%；49户选择"医疗保险"，占比74.2%；2户选择"残疾人帮扶"，占比3.0%；1户选择"救灾救济"，占比1.5%；5户选择"农村危房改造帮扶"，占比7.6%。比较仁寿县和丰都县两地农村失独家庭的选择，可以看出两地的失独父母都很关注养老、医疗这些基本生存型的保险。

（2）参保情况及对保险的评价

在受访失独家庭中，有65户失独家庭选择"养老保险"，占比98.5%，同样也有65户失独家庭选择"医疗保险"，占比98.5%，可见几乎所有农村失独家庭都参加了养老保险和医疗保险。15户失独家庭选择"最低生活保障制度"，占比 22.7%。当问及他们眼中的养老保险还存在哪些问题时，27 户选择"养老金较低"，占比 40.9%；6 户选择"覆盖面不广"，占比 9.1%；6 户选择"体制有待完善"，占比 9.1%；3 户选择"个人养老保险缴纳负担重"，占比 4.5%；1 户选择"资金筹措困难"，占比 1.5%。四成失独家庭认为养老金较低，需要尽快提高养老金并形成长效增长机制。

对于"您是否享受最低生活保障制度"这一问题，14 户失独家庭享受最低生活保障制度，占比 21.2%；52 户失独家庭没有享受最低生活保障制度，占比 78.8%。最低生活保障制度是兜底性制度，只有那些生活极其贫困的家庭才能享受这项制度，这一数据表明有两成的失独家庭生活极其贫困。我们向享受最低生活保障的失独家庭咨询此项制度存在什么问题时，有 3 户失独家庭选择"农村最低生活保障制度配套措施不健全"，9 户失独家庭选择"对象限定不合理"。综合仁寿县、丰都县两地对于该问题的反映，最低生活保障制度在资金落实、配套措施、对象限定方面尚存在不尽符合群众需求的问题。

（3）对新农合的了解及就医情况

对于是否知道新农合这一问题（见表 4-93），65 户失独家庭选择知道新农合，占比 98.5%。这表明新农合在农村失独家庭中有较高的知晓度。在我国农村正是由于国家推行了新农合保障制度才使得农村村民在面对疾病困扰时去医院就医的意愿比以往有所增强。在调研中，调研员了解到在以往，很多村民有病就是硬扛着，认为病了挺挺就过去了，如果是大病的话治也没用。在访谈中，一位失独母亲对调研人员说："原来自己总是很痛苦，因此总认为病了就病了，死了就算了。但是后来觉得政府的政策越来越好，也想通了，我还得好好活着，否则对不起已经去世的闺女，我得替她照顾好她的爸爸。所以现在我病了就会去看病，多亏了国家的新农合政策。"

表 4-93　受访农村失独父母对于农村新农合的了解情况

	频次	百分比（%）
是	65	98.5
否	1	1.5
合计	66	100

当问及生病时愿意去哪就医时，24 户失独家庭选择"乡镇医院"，占比

36.4%；有 16 户失独家庭选择"自己去药店买药"，占比 24.2%；15 户失独家庭选择"县市级医院"，占比 22.7%；10 户失独家庭选择"卫生所"，占比 15.2%；6 户失独家庭选择"私人诊所"，占比 9.1%。可见，在农村大部分失独家庭会选择自己去药店买药或者去乡镇医院就医等。

对于看病报销率是否满意的问题（见表 4-94），4 户失独家庭选择了非常满意，占比 6.1%；34 户选择了基本满意，占比 51.5%；18 户选择了不知道，占比 27.3%；10 户选择了不满意，占比 15.2%。从数据看，仁寿县农村失独家庭对于看病报销的情况满意的比例达到 57.6%。对于选择不知道的情况，调研人员了解到这些家庭中有的未曾因为住院而报销过，有的家庭没有关注过此事，因此选择了不知道。

表 4-94　受访农村失独父母对报销率满意情况

	频次	百分比（%）
非常满意	4	6.1
基本满意	34	51.5
不知道	18	27.3
不满意	10	15.2
合计	66	100

而对于目前医疗方面需要做哪些改进的问题，15 户失独家庭选择"提高医生技术水平"，占比 22.7%；11 户失独家庭选择"增加药品种类"，占比 16.7%；3 户失独家庭选择"更新医疗设备"，占比 4.5%；1 户失独家庭选择"改善扩建卫生所"，占比 1.5%；1 户失独家庭选择"改善服务态度"，占比 1.5%。可见，提高医生技术水平和增加药品种类是最为迫切的"硬件"和"软件"，当生病的时候，有医生给看病、有种类齐全的药品是最重要的。

（4）农村失独家庭对于生活及社会保障满意度

对于日常生活是否得到切实保障的问题（见表 4-95），13 户失独家庭认为"是，感觉很踏实"，占比 19.7%；36 户失独家庭感觉"一般，基本可以达到要求"，占比 54.5%；17 户失独家庭感觉"没有，需要多攒钱来养老"，占比 25.8%。总体来看，仁寿县五成以上的农村失独家庭生活可以达到基本要求，但对于选择"没有，需要多攒钱来养老"的失独家庭，我们需要给予更多的关注。

表 4-95　受访农村失独父母对于生活是否得到切实保障的评价

	频次	百分比（%）
是，感觉很踏实	13	19.7
一般，基本可以达到要求	36	54.5
没有，需要多攒钱来养老	17	25.8
合计	66	100

对失独家庭救助金的满意度问题，有4户失独家庭对救助金额"非常满意"，占比6.1%；34户失独家庭对救助金额"基本满意"，占比51.5%；15户失独家庭表示"不知道"，占比22.7%；10户失独家庭对救助金额"不满意"，占比15.2%；3户未做任何选择。

（5）对政府及社会的需求情况

当问及政府和社会应该为失独家庭做些什么时，也主要集中在"适当增加失独群体养老金补贴""加强对失独者就医补助"。有30户失独家庭选择前者，占比45.5%；26户失独家庭选择后者，占比39.4%；还有8户失独家庭选择"建立专门服务失独者的养老院"，占比12.1%；5户失独家庭选择"成立失独群体专项公益基金组织"，占比7.6%；11户失独家庭选择"为失独群体提供特制的养老保险"，占比16.7%；8户失独家庭选择"制定完善失独群体的权益保护与养老相关的法律法规支付"，占比12.1%；6户失独家庭选择"开展以政府或社会公益组织为主导的针对失独群体的社会服务"，占比9.1%。可见，养老和就医依然是仁寿县农村失独家庭最为关心的问题，另外还有小部分失独家庭的需求比较具体，但都是与养老和医疗相关的需求。

（三）农村失独家庭的社会支持现状及需求

为了了解失独父母的社会支持现状及需求，与在重庆丰都县调研一样，课题组从失独父母的朋友、家人、邻居及社区、政府等社会支持源及失独家庭遇到困难时求助对象的选择以及日常活动安排等方面开展了调研。

1.受访农村失独父母的朋友数量情况

从调查数据来看（见表4-96），有17位失独父母选择了"一个也没有"，占比25.8%；选择拥有1~2个关系密切朋友的失独父母有23位，占比 34.8%；18 位失独父母选择拥有 3 ～ 5 个关系密切的朋友，占比 27.3%；8 位失独父母选择了拥有 6 个或 6 个以上关系密切的朋友，占比 12.1%。比较仁寿县和丰都县的调研数据，可以发现仁寿县农村失独父母拥有的朋友数量好于丰都县失独父母。但也有占四分之一的失独父母一个关系亲密的朋友也没有。对于这些失独父母，我们需要给予更多的社会支持。

表 4-96　受访农村失独父母拥有关系密切朋友的数量

	频次	百分比（%）
一个也没有	17	25.8
1～2 个	23	34.8
3～5 个	18	27.3
6 个或 6 个以上	8	12.1
合计	66	100

2. 受访农村失独父母的家庭支持情况

在仁寿县受访的失独父母中（见表 4-97），55 人选择"和家人住在一起"，占比 83.3%；11 人选择了"远离家人且独居一室"，占比 16.7%。比较仁寿县和丰都县的数据，可以看出仁寿失独县父母和家人一起生活居住的比例高于丰都县失独父母。

表 4-97　受访农村失独父母近一年来的居住情况

	频次	百分比（%）
远离家人且独居一室	11	16.7
和家人住在一起	55	83.3
合计	66	100

对于从哪些家庭成员获得支持照顾（见表 4-98），40 位失独父母是从配偶那里得到支持照顾，占比 60.6%；1 位依靠父母照顾，占比 1.5%；18 位失独父母从兄弟姐妹那里得到支持照顾，占比 27.3%；还有 5 位失独父母从其他成员（如妯娌等）那里得到支持照顾，占比 7.6%；2 位失独父母未做选择，从访谈得知这两位失独者没有家人，他们自己照顾自己。比较仁寿县和丰都县的数据，仁寿县失独父母从配偶获得照顾的比例高于丰都县失独父母。

表 4-98 受访农村失独父母从家庭成员获得支持照顾的情况

	频次	百分比（%）
自己	2	3.0
配偶	40	60.6
父母	1	1.5
兄弟姐妹	18	27.3
其他成员（如妯娌等）	5	7.6
合计	66	100

而对于从家庭成员得到的支持和照顾的程度（见表 4-99），41 位失独父母认为可以从家庭成员得到"全力支持"，占比 62.1%；15 位失独父母认为从家庭成员得到的支持和照顾为"一般"，占比 22.7%；2 位失独父母认为从家庭成员得到的支持和照顾为"极少"；7 位失独父母认为从家庭成员处没有得到什么支持和照顾，占比 12.1%。比较仁寿县和丰都县两地失独父母的选择，可以看出仁寿县失独父母受到家庭成员全力支持的比例高于丰都县失独父母。

表 4-99 受访农村失独父母从家庭成员得到的支持和照顾的程度

	频次	百分比（%）
无	8	12.1
极少	2	3.0
一般	15	22.7
全力支持	41	62.1
合计	66	100

3. 受访农村失独父母的邻里支持情况

从邻里支持角度来看（见表 4-100），31 位失独父母选择"大多数邻居都很关心"，占比 47.0%；20 位失独父母选择"有些邻居很关心"，占比 30.3%；11 位失独父母选择"遇到困难可能稍微关心"，占比 16.7%；4 位失独父母选择"相互之间从不关心，只是点头之交"，占比 6.1%。我们可以发现，仁寿县农村失独父母中有 77.3% 的认为受到了邻里很好的照顾，得到了他们的支持。这一比例也高于丰都县农村失独家庭。

表 4-100 受访农村失独父母与邻居的关系

	频次	百分比（%）
相互之间从不关心，只是点头之交	4	6.1
遇到困难可能稍微关心	11	16.7
有些邻居很关心	20	30.3
大多数邻居都很关心	31	47.0
合计	66	100

4. 受访农村失独父母对于亲朋、家人、邻居、社区给予的社会支持的看法

对于心理援助的看法（见表 4-101），有 11 位失独父母认为"有必要，很有用"，占比 16.7%；15 位失独父母认为"没有必要，没有作用"，占比 22.7%；7 位失独父母认为"有必要但不现实"，占比 10.6%；33 位失独父母认为"不清楚"，占比 50.0%。相比较而言，仁寿县失独父母对于心理援助的认知不及丰都县失独家庭，有 50% 的失独父母不清楚心理援助是什么。

表 4-101 受访农村失独父母对心理援助的看法

	频次	百分比（%）
有必要，很有用	11	16.7
没有必要，没有作用	15	22.7
有必要但不现实	7	10.6
不清楚	33	50.0
合计	66	100

对于曾经得到的经济支持来源，28 户失独家庭选择"配偶"，占比42.4%；37 户失独家庭选择"亲戚"，占比 56.1%；各有 3 户失独家庭选择"邻里""朋友"，各占 4.5%；6 户失独家庭选择"村委会干部"，占比 9.1%。比较仁寿县和丰都县的调研数据我们可以发现，丰都县受访的农村失独父母中有 24.6% 的失独家庭认为村委会干部给予了经济支持，这一点要比仁寿县的 9.1% 比例高 15.5%，这反映了丰都县村委会干部对于计生特殊家庭的帮扶落到了实处，受到了这一群体的认可。

对于曾经得到的安慰和关心来源，有 28 户失独家庭选择"配偶"，占比 42.4%；44 户失独家庭选择"亲戚"，占比 66.7%；各有 16 户失独家庭选择"邻里""朋友"，各占 24.2%；11 户失独家庭选择"村委会干部"，占比 16.7%。可以看出，对于失独父母的安慰和关心也主要是来自配偶和亲戚，同时邻里、朋友、村委会干部也是心理慰藉的主要角色。

而对于"最希望谁来照顾他们"这一问题，42 户失独家庭选择"配偶"，占比 63.6%；18 户失独家庭选择"亲戚"，占比 27.3%；2 户失独家庭选择"邻里"，占比 3.0%；4 户失独家庭选择"朋友"，占比 6.1%；3 户失独家庭选择"村委会干部"，占比 4.5%。可见，仁寿县农村失独父母绝大多数最希望配偶来照顾他们，其次是亲戚。

5. 受访农村失独父母倾诉烦恼的方式

对于遇到烦恼时的倾诉方式（见表 4-102），25 位失独父母选择"从不向任何人倾诉"，占比 37.9%；19 位失独父母选择"如果朋友主动询问会说出来"，占比 28.8%；13 位失独父母选择"主动倾诉自己的烦恼以获得支持和理解"，占比 19.7%；9 位失独父母选择"只向关系极为密切的 1 ~ 2 个人倾诉"，占比 13.6%。可以发现，失独父母主动向别人倾诉自己烦恼的比例比较少，失独父母往往选择自我封闭。同时，也可以发现仁寿农村失独父母的朋友支持对于排解他们的烦恼起到了一定的作用，有 28.8% 的失独父母在朋友主动询问的时候会说出自己的烦恼。

表 4-102　受访农村失独父母倾诉烦恼的方式

	频次	百分比（%）
从不向任何人倾诉	25	37.9
只向关系极为密切的 1 ~ 2 个人倾诉	9	13.6
如果朋友主动询问会说出来	19	28.8
主动倾诉自己的烦恼以获得支持和理解	13	19.7
合计	66	100

对于遇到困难时的求助方式（见表 4-103），有 21 位失独父母选择"有困难时经常向家人、亲友、组织求援"，占比 31.8%；12 位失独父母选择"只

靠自己不接受别人帮助",占比18.2%;4位失独父母选择"有时请求别人帮助",占比6.1%;29位失独父母选择"很少请求别人帮助",占比43.9%。可以发现,占62.1%的失独家庭依靠自己解决困难,很少请求别人帮助,他们往往在遇到苦难时自己扛着。

表4-103　受访农村失独父母遇到困难求助方式

	频次	百分比（%）
只靠自己，不接受别人帮助	12	18.2
很少请求别人帮助	29	43.9
有时请求别人帮助	4	6.1
有困难时经常向家人、亲友、组织求援	21	31.8
合计	66	100

6.受访农村失独父母的社会交往、参加活动的情况

对于参与村委会活动的情况（见表4-104）,41位失独父母选择"从不参加",占比62.1%;12位选择"经常参加",占比18.2%;11位选择"偶尔参加",占比16.7%;2位选择"主动参加并积极活动",占比3.0%。可以看出,仁寿县农村失独父母绝大多数人从不参加村委会的活动。

表4-104　受访农村失独父母参与村委会活动的情况

	频次	百分比（%）
从不参加	41	62.1
偶尔参加	11	16.7
经常参加	12	18.2
主动参加并积极活动	2	3.0
合计	66	100

对于不参加活动的原因（见表4-105）,有11位失独父母选择"不知道有相关活动举办",占比16.7%;8位失独父母选择"觉得活动太无聊,不想参加",占比12.1%;2位失独父母选择"情绪太悲伤,无法参加",占比3.0%。除此之外,还有45位失独父母未做任何选择,或者没有给出其他理由,占比为68.2%。可以看出,仁寿县农村失独家庭不仅不常参加相关活动,而且调研中调研员发现很多不参加活动的失独父母也不知道为什么不参加,一方面

可能是活动宣传不到位，更重要的可能是心理上排斥，根本不想参加活动。所以，既要加大宣传相关活动，也要提高活动的质量及针对性，以此来提高失独家庭参加活动的积极性。

表 4-105　受访农村失独父母不参加活动的原因

	频次	百分比（%）
情绪太悲伤，无法参加	2	3.0
不知道有相关活动举办	11	16.7
觉得活动太无聊，不想参加	8	12.1
其他	45	68.2
合计	66	100

对于闲暇生活的安排情况，课题组设置了多选题目，在受访的 66 位失独父母中，有 55 位失独父母选择"收听电视广播节目"，占比 83.3%；2 位选择"阅读报刊"，占比 3.0%；各有 6 位选择"上网"和"养花鸟鱼虫"，各占比 9.1%；4 位选择"体育锻炼"，占比 6.1%；49 位选择"到邻居家串门"，占比 74.2%；52 位选择了"赶集（庙会）"，占比 78.8%。可以发现，最受欢迎的闲暇时间安排是看电视、串门、赶集。对于缺乏娱乐性活动的农村而言，这是绝大多数农村居民打发闲暇时间的方式。

对于"需要社会组织提供什么服务"的问题，数据显示，25 位失独父母选择"定期陪您聊天、锻炼"，占比 37.9%；24 位选择"节假日为您送祝福与您同乐"，占比 36.4%；11 位选择"为您提供心理辅导"，占比 16.7%；7 位选择"组织失独者集体活动"，占比 10.6%；5 位选择"为您募集资金"，占比 7.6%；3 位选择"定期为您打扫房间"，占比 4.5%。对于该问题的选择，仁寿县失独父母最为迫切的需求有陪聊、节日送祝福、心理辅导等，这几项都说明农村失独父母急需陪伴，或者说是心与心的交流，需要有人为其开展精神慰藉的服务。

7. 受访农村失独父母的宗教信仰支持

调研数据显示，仁寿县农村失独家庭几乎都没有宗教信仰。共 65 位失独父母选择"没有宗教信仰"，占比 98.5%，只有 1 位老人选择了有宗教信仰且帮助他很多。这说明在这个地方宗教影响很小。

8. 受访农村失独父母关于领养小孩的看法

数据显示（见表 4-106），绝大部分不会领养小孩。共 62 户受访家庭选择不打算领养，占比 93.9%；只有 4 户有领养小孩的打算，占比 6.1%。在与受访者交流中，调研员了解到大多数人认为自己心已死掉，不愿意再领养孩子了。

表 4-106　受访农村失独父母的对于领养小孩的情况

	频次	百分比（%）
是	4	6.1
否	62	93.9
合计	66	100

9. 受访农村失独父母对于养老方式的选择

关于理想的养老方式（见表 4-107），有 52 位失独父母选择"居家社区养老"，占比 78.8%；8 位失独父母选择"养老机构养老"，占比 12.1%；6 位失独父母选择其他方式。

表 4-107　受访农村失独父母理想的养老方式

	频次	百分比（%）
居家社区养老	52	78.8
养老机构养老	8	12.1
其他	6	9.1
合计	66	100

对于是否有必要建立专门的失独老人养老院这一问题（见表 4-108），25 位失独父母选择"有必要"，占比 37.9%；37 位失独父母选择"没必要"，占比 56.1%；4 位失独父母未做任何选择，表示没有考虑过这类事情。这一统计数据表明，仁寿县有接近四成的失独父母认为需要建立为失独老人专门开设的养老院。

表 4-108　受访农村失独父母对于建立失独老人专门养老院的看法

	频次	百分比（%）
没有考虑	4	6.1
有必要	25	37.9
没必要	37	56.1
合计	66	100

10. 受访农村失独父母对于政府和社会提供支持的需要

对于失独父母需要政府和社会提供支持的需要这一问题（见表 4-109），27 位失独父母选择"政府给予失独家庭的补贴应加大；根据家庭的实际情况（如有疾病，无生育能力），加大帮扶力度"，占比 36.5%。调研人员了解到这些失独父母认为目前政府给予的补贴完全是按照人头发放，没有考虑到每个家庭的实际情况，有的失独家庭中有病人，需要很大的医疗费用，还有的失独家庭已经失去生育能力，无法再生孩子，失独父母认为自己没有养老金来源。因此失独父母认为需要根据每家每户的不同情况来增加补助。

在受访农村失独父母中，24 位失独父母选择了"逢年过节村委组织送些米、油、慰问金"，占比 36.4%；6 位失独父母选择"降低民办养老机构收费"，占9.1%；11 位失独父母选择"社区、社会组织、村委组织开展心理辅导或义诊等服务"，占16.7%；各有3位失独父母选择了"志愿者与失独者结成固定对子，定期与他们沟通聊天""政府能主动提供补助，而不是用子女死亡证明换取"分别占4.5%。

表 4-109　受访农村失独父母对于政府和社会提供支持的需要（多选题）

	频次	百分比（%）
降低民办养老机构收费	6	9.1
政府给予失独家庭的补贴应加大；根据家庭的实际情况（如有疾病、无生育能力），加大帮扶力度	27	40.9
政府能主动提供补助，而不是用子女死亡证明换取	3	4.5
社区、社会组织、村委组织开展心理辅导或义诊等服务	11	16.7
逢年过节村委组织送些米、油、慰问金	24	36.4
志愿者与失独者结成固定对子，定期与他们沟通聊天	3	4.5

四、本章小结

通过本部分对于调研问卷数据、访谈、观察材料的分析，课题组总结出了以下调研结论：

（1）我国农村失独家庭作为一个数量正逐渐增加的弱势群体，在日常生活及未来养老方面面临着正常家庭没有的困境和风险，且农村失独家庭具有不同于城市失独家庭的显著特点。这些农村失独家庭在生存、发展方面均面临着需要政府和社会共同协力帮助才能解决的难题。

（2）我国农村失独家庭人员对于我国政府对失独家庭实施的帮扶政策给予了高度评价，充满感激之情。课题组所到调研之地均能感受到农村失独父母对于政府的关爱的感激之情。这与部分官员所认为的失独家庭是不稳定因素，最好不要招惹他们，他们常有上访的冲动等并不相符。课题组分析之所以有的官员会有上述想法是因为他们没有深入了解这些弱势群体的需求和真实想法，仅仅简单地根据城市失独家庭上访事件就做出农村失独家庭成员是不稳定因素的草率判断。事实上，由于农村失独父母经济收入相对较低的原因，只要党和政府给他们提供了足够的关怀，农村失独父母是很容易感到满足的。比如重庆丰都县对于农村失独家庭实施了"十个一"工程就取得了极好的效果。

（3）我国针对农村失独家庭的扶助政策虽然得到了足够的重视和发展、受到农村失独群体的一致好评，但政策扶助的内容和质量仍存在优化空间。解决农村失独家庭的养老问题不能凭兴趣、看心情，而应该制度化、常态化。如何让农村失独家庭生存、发展是社会公共责任。必须建立完备的整合性社会保障制度体系和社会支持体系。

（4）现有的政策与社会的正式与非正式支持均不能令农村失独家庭的养老及家庭发展得到充分的保证。政府兜底、提供保障是老有所养的基础，但是让农村失独父母老有所乐、活出生命的尊严和质量、让农村失独家庭第三代（孙辈群体）幼有所教、健康成长等则需全社会助力。只有各责任主体发挥各自功能，才能帮助农村失独家庭有效应对各种困境，才能帮助他们步入正常的生活和发展轨道。

第五章　农村失独家庭面临的困境[1]

　　独生子女家庭中，孩子对父母而言几乎意味着所有，是整个家庭的希望。独生子女家庭是父母与子女构成的家庭中最简化的形式。结构功能理论认为，社会是具有一定结构或组织化手段的系统，社会各组成部分以有序的方式相互关联，并对社会整体发挥着必要的功能。[2]家庭既是社会结构的一部分，同时也是一个系统，一旦独生子女因意外去世，家庭的结构不再完整，将面临巨大的困境。特别是较早响应国家计划生育政策的夫妇，如今他们即将或已经步入老年，面临身心健康、社会保障、家庭生活等一系列的困境。费孝通先生认为，如果夫妇关系是家庭结构的横轴，那么亲子关系则是家庭结构的纵轴。在我国，亲子关系这根纵轴较夫妇关系的横轴要重要得多。农村失独家庭由于亲子关系纵轴的断裂，使得横轴关系也变得摇摇晃晃。而且对于处于经济文化相对落后的农村而言，更是困难重重。孩子死亡对家庭而言是一件最悲惨的事件，它可能对家庭成员以后的生活造成破坏性影响，且很难被社会理解（Biggs C.，2002）[3]。综合分析课题组在湖南、重庆、四川三地的调研数据，课题组认为农村失独家庭在微观、中观、宏观三方面均存在困境。

一、微观层面的困境

（一）心理创伤、敏感自卑

　　独生子女是父母的精神支柱，独生子女去世最直接的是对其父母情感和心理上的冲击与伤害，直接让家庭陷入危机。"行年三十已衰翁，满眼忧伤

[1] 赵仲杰，郭春江.社会支持理论视阈下农村失独家庭困境应对策略——基于川渝两地的调研 [J]. 理论月刊，2020（1）：119-129.

[2] 于海.行动论、系统论和功能论——读帕森斯《社会系统》[J]. 社会，1998（3）：44-45.

[3] Biggs，C. He Sudden and Unexpected Death of a Sibling and Its Impact on Surviving Children and Adolescents：a Family Perspective[J]. Grief Matters，2002，5（2）：31-34.

只自攻。今夜扁舟来决汝，死生从此各西东。"❶这是诗人王安石在悼念自己去世的小女儿时所著的《别鄞女》。"白发人送黑发人""暮年丧子"是父母最不能承受之殇。对我国绝大多数农村独生子女家庭而言，抚养孩子长大成人倾注了父母毕生心血，孩子的离世无疑会对父母造成巨大的情感创伤。对于心理承受能力差、防御机制成熟度低的父母而言，独生子女的去世会对他们造成一定的心理甚至精神健康问题。

当谈起子女去世事件时（见表5-1），在重庆、四川受访的127位失独者中，3.1%的人表示对子女去世心理无法承受，决不谈起；14.2%的人谈及此事时情绪失控；30.7%的人虽然表示已接受现实，但仍很痛苦。

表 5-1　受访农村失独者谈及子女时的感受

	频次	百分比（%）
拒绝回答	10	7.9
心理无法承受，绝不谈起	4	3.1
谈及此事时情绪失控	18	14.2
已接受现实，但仍很痛苦	39	30.7
时隔时间较长，不太悲伤	49	38.6
心理麻木，没什么感觉	7	5.5
总计	127	100

在益阳农村调查时，课题组成员将孩子的去世时间与失独者目前的受打击情况与恢复程度做交互分析。可以看出子女离世时间越短的失独父母越是感觉打击极大。一个孩子的离世是一个家庭的悲剧，虽然时间是医治痛苦的良药，但是我们希望人间少一些这样悲惨的家庭。

本来就生活困顿的农村父母面对这样的命运捉弄，虽然有的失独父母多年后逐渐走出了阴影，但是更多的是麻木和无奈地接受悲惨的现实（见表5-2、表5-3）。

❶ 王安石.别鄞女[DB/OL]. https://hanyu.baidu.com/shici/detail?pid=c2aecaed3bde28fca09a2486a088a3d9&from=kg0.

表5-2 独生子女去世对农村失独父母的打击

孩子去世年数	孩子去世对您的打击				合计
	打击极大，至今无法承受	打击很大，至今难以面对	打击大，现在已能面对	打击较大，现在基本恢复常态	
1~3年	21	20	5	3	49
4~7年	7	16	13	7	43
8~10年	0	8	1	3	12
10年以上	2	1	3	10	16
合计	30	45	22	23	120

表5-3 农村失独父母从痛苦中恢复的程度

孩子去世年数	精神麻木无法缓和	精神痛苦，无法恢复	痛苦有所缓和	基本恢复，可以面对现实	
1~3年	11	32	0	6	49
4~7年	5	14	11	13	43
8~10年	1	5	2	4	12
10年以上	1	3	1	11	16
合计	18	54	14	34	120

在心理卫生服务需求调查中（见表5-4），重庆、四川受访失独父母中有110人认为自己存在心理卫生服务需求。对于具体的服务需求，数据显示，32.7%的人认为自己需要接受心理疏导服务，31.8%的人希望志愿者登门服务，在涉及社交的选项上，需求体现并不明显，仅有少数人希望结交新朋友、社区组织外出旅游以及加入社区家庭支持小组。

表5-4 农村失独父母心理卫生服务需求

心理卫生服务需求	个案数	百分比（%）
心理疏导	36	32.7
邻里劝慰	18	16.4
结交新朋友	11	10
专业社工服务	1	0.9
社区组织外出旅游	3	2.7
社区家庭支持小组	5	4.5
志愿者登门服务	35	31.8
其他	1	0.9
总计	110	100

　　同样,益阳的大部分受访失独父母希望能有心理疏导服务、获得邻里劝慰、结交新朋友、社区组织外出旅游散心(见表5-5),当问及在心理服务方面急需哪些服务时,33位失独父母选择需要心理疏导,占比27.5%;24位选择需要邻里劝慰,占比20.0%;26位老人选择需要结交新朋友,占比21.7%;17位表示需要社区组织外出旅游散心,占比14.2%;2位表示需要社区家庭支持小组,占比1.7%;14位需要志愿者登门服务,占比11.7%;3位认为需要与专业的社工交流,占比2.5%;2位希望有社区家庭支持小组的活动,占比1.7%。从数据可以看出失独父母意识到自己需要外力帮助他们走出阴霾,但是从农村的现实情况看,农村能够开展心理服务的专业人士很少,而尚未被社会广泛认可的专业社工就更少了。因此,如何调动社会资源、专业人士为农村失独家庭成员开展帮扶十分重要。

表5-5　农村失独父母的心理服务需求状况

	频次	百分比（%）
心理疏导	33	27.5
邻里劝慰	24	20.0
结交新朋友	26	21.7
与专业的社工交流	3	2.5
社区组织外出旅游散心	17	14.2
社区家庭支持小组	2	1.7
志愿者登门服务	14	11.7
其他	1	0.8
合计	120	100

　　失独父母的社交需求低,课题组猜测原因是失独父母容易在人际交往中产生自卑问题,孩子的健康成长、成人成才是父母幸福感、自信心的重要来源,相比孩子健在、家庭幸福的邻居亲朋,特别是每当看到他们的孩子,失独父母会不自觉地陷入自卑和绝望,甚至自我封闭。

通过问卷和访谈得知，调查地的农村没有社会组织进行服务，不重视精神关怀，受访者根本不知道社工，也很少有志愿者登门服务。调研显示，心理服务方面选得最多的是心理疏导，其次就是结交新朋友及邻居劝慰，说明农村失独家庭很需要心理辅导，农村失独家庭精神慰藉的方式很单一，普遍就是与邻居一起聊天。选与专业的社工交流和志愿者登门服务，以及社区家庭支持小组的人特别少，受访者们均表示没有听说过，不知道社工是做什么的，由此可见，在农村他们能接触到的社会服务很少。由于经济保障问题的突出，在农村失独家庭的精神慰藉常常被忽略。

（二）感情破裂、家庭解体

孩子的去世对于父母而言是极大的打击，易导致父母双方的情绪陷入长期的低迷、消沉状态。处在这样消极状态下的夫妻难免会有争吵、互相指责甚至长期的冷战，可能导致夫妻感情走向破裂。

从益阳南县农村失独者的婚姻状况看，部分夫妻关系不太好。有配偶，夫妻和睦的有 61 人，占比 50.8%；有配偶，但夫妻关系较差的有 30 人，占比 25.0%；无配偶，孤身一人的有 29 人，占总人数的 24.2%（见表 5-6）。

表 5-6 益阳市南县受访农村失独父母的婚姻状况

	频次	百分比（%）
有配偶，夫妻和睦	61	50.8
有配偶，但夫妻关系较差	30	25.0
无配偶，孤身一人	29	24.2
合计	120	100

从重庆、四川的调查数据看（见表 5-7），仅有 29.9% 的失独父母能够以积极的态度面对未来，61.4% 的失独父母承受巨大的心理压力，精神创伤难以愈合，生活失去希望。

表 5-7　子女发生意外对家庭的影响

	频次	百分比（%）
拒绝回答	11	8.7
身心打击大，难以承受	23	18.1
精神创伤无法愈合	29	22.8
对未来生活失去希望	3	2.4
把一切看淡了，无所谓	23	18.1
积极寻找新的生活目标	30	23.6
夫妻积极共同面对困境	8	6.3
总计	127	100

另外，"独生子女死亡后失独夫妻之间最明显的变化就是性生活质量下降"[❶]，而性生活的质量与夫妻之间的亲密程度、信任感等有密切的联系，因此子女去世导致的性生活次数减少对夫妻情感关系也有一定的负面作用。

独生子女家庭仅由三个人组成，三角的平衡一旦被打破，家庭可能就难以为继。而且独生子女家庭越到后期风险越大，随着成年子女在家庭中地位的提高，很容易出现萨提亚家庭治疗模式中的"倒三角"式家庭结构，从而导致家庭成员间的互动出现问题。而一旦独生子女去世，对于那些夫妻本就不和、感情薄弱，主要依靠孩子作为夫妻关系纽带的父母，孩子的离世也就意味着婚姻家庭会在不久的将来土崩瓦解。婚姻的结束对农村失独家庭夫妻双方在一定程度上又是一次沉重的打击，离婚意味着翁婿、婆媳、连襟、妯娌等以婚姻为纽带而产生的关系将不复存在，工具性和表达性的社会支持大量减少。

（三）经济紧张、生活拮据

益阳市南县农村受访失独父母的经济来源主要靠自己努力获得（见表5-8），数据显示失独父母经济收入的 66.7% 是农业劳动收入，20% 是靠养老保险金。虽然政府会给每位失独父母特殊补贴，但是调研中发现失独父母多

---

❶ 张必春，刘敏华.绝望与挣扎：失独父母夫妻关系的演变及其干预路径——独生子女死亡对夫妻关系影响的案例分析 [J]. 社会科学研究，2014（4）：107.

数认为政府给的补贴是拿孩子的命换来的，因此要生活还得靠自己。我们从这些农村失独父母的遭遇看到了生命的脆弱，更体会到了这些父母的不易和坚韧、无奈和挣扎。

表 5-8　受访农村失独父母的经济收入来源

	频次	百分比（%）
农业劳动收入	80	66.7
养老保险金	24	20.0
个人储蓄	4	3.3
老伴供养	2	1.7
政府补贴	4	3.3
亲友资助	1	0.8
其他	5	4.2
合计	120	100

那么，这些家庭收入是否够他们开支呢？课题组调研了这些家庭的月支出情况。数据显示（见表 5-9），44 户失独家庭月支出在 1000 元及以下，占比 36.7%；43 户在 1000～1500（含）元之间，占比 35.8%；13 户在 1500～2000（含）元之间，占比 10.8%；9 户在 2000～2500（含）元之间，占比 7.5%；11 户月支出在 2500 元以上，占比 9.2%。通过访谈得知，部分家庭的很大一部分开支是由于独生子女离世后失独父母身体每况愈下，每月都得看病买药。

表 5-9　受访失独家庭的月支出

	频次	百分比（%）
1000 元及以下	44	36.7
1000～1500（含）元	43	35.8
1500～2000（含）元	13	10.8
2000～2500（含）元	9	7.5
2500 元以上	11	9.2
合计	120	100

对于收入与支出的状况（见表5-10），54户认为"大致够用"，占比45.0%；36户认为"比较困难"，占比30.0%；16户认为"很困难"，占比13.3%；9户认为"比较宽裕"，占比7.5%；只有5户认为很宽裕。可见，43.3%的失独家庭认为入不敷出。

表 5-10　受访农村失独家庭的收支状况

	频次	百分比（%）
很宽裕	5	4.2
比较宽裕	9	7.5
大致够用	54	45.0
比较困难	36	30.0
很困难	16	13.3
合计	120	100

独生子女的去世会给其家庭带来一定的经济压力。从经济收入方面来看，在经济不宽裕的家庭中，青壮年独生子女是家庭收入的重要贡献者，他们的离世使家庭收入减少。调研发现，农村失独者的经济来源有限、收入较低，只能靠相关的社会福利政策给予补助度日。

重庆、四川失独家庭主要表现为经济收入低、经济来源少两方面。经济收入的高低和来源渠道直接关系到农村失独者的风险抵御能力。通过表5-11可以发现，政府补贴是失独家庭经济收入最普遍的来源，其次是养老保险和农业劳动。

失独家庭经济收入结构表（表5-11）显示，当前政府补贴和养老保险金是大部分失独者的主要经济来源。农村失独家庭的经济收支状况则更令人担忧，根据失独家庭收入状况地区交叉表（表5-12）及失独父母月收支交叉表（表5-13）可知，47位失独者月收入在1000元及以下，30位失独者认为经济比较困难，4位认为很困难。

经济收入高低与养老质量息息相关。从两县的农村失独家庭的经济收入状况来看，因丰都县、仁寿县两县在政策标准、社保满意度方面存在显著差异，且政府补贴是农村失独家庭经济收入的重要来源，故以地区为自变量与家庭收支状况进行交叉做表，见表5-12。通过 Fisher 精确检验可以发现 P=0.047 < 0.05，即家庭收支状况与地区显著相关，丰都县农村失独家庭的家

庭收支状况优于仁寿县。总体上看，两地共 26.7% 户家庭存在经济困难，近七成农村失独家庭的收入状况为大致够用。然而收支平衡仍然意味着风险抵御能力较差，从表 5-14 可以看出，家庭收入状况与身体健康状况显著相关（P < 0.005），身体状况越差，家庭经济状况越困难，表明收支平衡的失独父母一旦身体健康出现问题，将出现经济困难。

表 5-11　农村失独家庭经济收入结构表

	个案数	百分比（%）
农业劳动收入	30	14.5
养老保险金	49	23.7
个人储蓄	3	1.4
老伴供养	4	1.9
政府补贴	103	49.8
亲友资助	3	1.4
其他	15	7.2
总计	207	100

表 5-12　农村失独家庭收支状况地区交叉表

家庭收支状况	四川	重庆	总计
比较宽裕	0	6（9.8）	6（4.7）
大致够用	46（69.7）	41（67.2）	87（68.5）
比较困难	17（25.8）	13（21.3）	30（23.6）
很困难	3（4.5）	1（1.6）	4（3.1）
总计	66（100）	61（100）	127（100）

注：P=0.047；χ^2=7.639；括号内为此列百分比，单位：%。

表 5-13　农村失独父母月收支交叉表

月收入	月支出						总计
	拒绝回答	1000 元及以下	1000～1500（含）元	1500～2000（含）元	2000～2500（含）元	2500 元以上	
拒绝回答	1	0	0	0	0	0	1
1000 元及以下	1	47	16	2	2	3	71
1000～2000（含）元	0	19	10	7	2	1	39
2000～3000（含）元	0	0	2	4	1	2	9

月收入	月支出						总计
	拒绝回答	1000 元及以下	1000 ~ 1500（含）元	1500 ~ 2000（含）元	2000 ~ 2500（含）元	2500 元以上	
3000 ~ 4000（含）元	0	2	1	0	1	1	5
4000 元以上	0	0	0	0	1	1	2
总计	2	68	29	13	7	8	127

表 5-14 农村失独家庭收支状况、身体状况交叉表

家庭收支状况	非常健康	比较健康	一般	不太好	很不好	总计
比较宽裕	1（20）	3（7.5）	2（6.3）	0	0	6（4.7）
大致够用	3（60）	31（77.5）	21（65.6）	27（65.9）	5（55.6）	87（68.5）
比较困难	1（20）	6（15）	8（25）	14（34.1）	1（11.1）	30（23.6）
很困难	0	0	1（3.1）	0	3（33.3）	4（3.1）
总计	5（100）	40（100）	32（100）	41（100）	9（100）	127（100）

注：P=0.009；χ^2=22.199；括号内为此列百分比，单位：%。

从经济支出方面看，如果孩子是因病去世，那么在其去世前家庭可能会有较大的医疗费用支出，有些家庭甚至会因病致贫，背上巨额债务；另外正如学者姚兆等余研究发现，课题组所调研的农村失独家庭中不少失独者还承担第三代——孙子（女）的教育和抚养义务，这对失独者的经济能力提出了更大的考验❶。这种状况导致失独者入不敷出，生活状况每况愈下。重庆、四川调研数据显示（见表 5-15），月收入 1000 元及以下的失独者中，28.6% 的人存在额外经济负担，令人担忧。

表 5-15 农村失独者月收入与经济负担状况交叉表

月收入	是否有额外经济负担		总计
	有	无	
1000 元及以下	20	50	70
1000 ~ 2000（含）元	4	34	38

❶ 姚兆余，王诗露. 失独老人的生活困境与社会福利政策的应对 [J]. 重庆工商大学学报（社会科学版），2014（4）：87.

续表

月收入	是否有额外经济负担		总计
	有	无	
2000～3000（含）元	3	6	9
3000～4000（含）元	1	4	5
4000元以上	1	1	2
总计	29	95	124

此外，在访谈中发现，农村礼尚往来的习俗会影响一个家庭的经济状况。某有孙辈的访谈对象提道："从前孩子办婚礼、孙子满月搞得欠下了不少人情债，后来孩子（其独生子）生了病，给孩子治病花光了钱，现在孩子去世了，人情债留下了，别人家孩子有喜事，（我）实在舍不得去随礼，（不去就会）跟人家淡了交情。"

阎云翔先生在其著作《礼物的流动》中归纳了处于不同生命周期的家庭在礼物交换方面的特点，空巢家庭／老年夫妇家庭处于家庭生命周期末期，其几乎没有操办仪式的机会。失独家庭在礼物交换体系中存在礼物流入减少而流出增多的趋势。一方面，失独家庭子女去世导致其家庭难以再操办新的仪式，在子女的葬礼之后，失独家庭几乎很难从礼物交换体系中获取经济利益；另一方面，因失独家庭在过往的生活中为孩子操办仪式欠下了诸多人情债务，所以家庭的礼物流出难免会大于礼物流入。可见，农村失独者在乡村社会的礼物交换体系中处于弱势地位，这会导致其经济压力进一步增大，进而影响其参与农村中的礼物交换，不利于融入农村社区。

（四）步入老年，健康愈下

心理—生理—社会视角表明个人的心理状态、生理状况和社会处境三者之间是相互塑造和影响的。丧子对于任何一个家庭而言都会造成长期性的心理伤痛和精神压力，不利于精神健康。同时，随着失独者年龄的增长，他们逐渐步入老年期，不仅会出现诸如白发、耳聋、眼花、驼背、牙齿松动脱落、皮肤皱纹等外显特征，而且其脏器和身体各组织系统也会出现衰退。因此，在心理与生理条件的双重压力下，农村失独者的健康愈发脆弱，很容易患上各种疾病。

在一定保障的基础上，农村的贫穷有时候还可以克服，然而子女离世的精神打击则会击垮失独者的身体。正如在泰国农村的一项研究发现的那样，子女所提供的支持对于减轻老人在身体上的病痛和抑郁症有重要的作用。❶ 而子女的逝去却直接减少了父母所能获得的"儿孙绕膝、端茶倒水、洗衣做饭、心理慰藉"等家族支持，而这一缺失很可能直接导致其健康出现问题。

在益阳南县农村的调研数据显示（见表 5-16），15.8% 的受访农村失独父母的身体非常健康，32.5% 的失独父母的身体比较健康，35.0% 的失独父母身体状况一般，12.5% 的失独父母的身体不太好，还有 4.2% 的失独父母的身体很不好。

表 5-16　受访农村失独父母的身体状况

	频次	百分比（%）
非常健康	19	15.8
比较健康	39	32.5
一般	42	35.0
不太好	15	12.5
很不好	5	4.2
合计	120	100

重庆、四川的调研数据则表明身体状况比益阳农村失独者的身体状况差（见表 5-17，表 5-18），63.6% 的失独者身体状况处于一般及以下，情况不甚乐观。虽然大多数失独者生活仍可自理，但其中 12.8%（包括日常生活偶尔需要人照顾者，大部分时间需要有人照顾者及日常生活完全不能自理者）存在照顾需求的失独者也应被给予足够的关注。

表 5-17　农村失独者身体健康状况自评

	频次	百分比（%）
非常健康	5	4.0
比较健康	39	31.5
一般	32	25.8

❶ 文军. 西方社会工作理论 [M]. 北京：高等教育出版社，2013：216.

	频次	百分比（%）
不太好	39	30.5
很不好	9	7.3
总计	124	100

表5-18　农村失独者照顾需求情况

	频次	百分比（%）
日常生活完全自理	110	87.3
日常生活偶尔需要人照顾	7	5.6
大部分时间需要有人照顾	7	5.6
日常生活完全不能自理	2	1.6
总计	126	100

（五）自我标签、权能流失

标签理论认为，负面标签是一种强烈的负面看法，会使个体改变自我意识，影响自我认同，不断地依据标签进行自我修正，这个过程犹如一种烙印，如果任其发展，个体最终将活成标签所定义的样子。对于农村失独父母而言，"失独"二字也像一个可怕的标签一样贴在了他们身上，在农村，"失独"二字背后包含的"孤独""可怜""无助""老无所依""不吉利"等含义，无时无刻不笼罩着他们。如果将这样的标签贴在失独父母身上，他们重新寻求生活意义、追求生活质量的动机就会很弱，而行动就会变得极为困难，很难再作为一个"正常人"参与社会活动。

失独家庭的标签化会导致社会对失独家庭形成刻板印象，无论失独父母走到哪里，一旦被别人知道了他们"失独"这一事实，就会得到广泛的同情、怜悯以及排斥，"失独"的标签遮住了他们本身的独特性，不利于他们自身能动性的发挥。而逐渐被贴上标签的过程其实就是逐渐去权的过程，农村失独父母越来越多地关注自身负面的因素，对于村委组织的活动参与会不断减少，抗逆力日益流失，对福利政策的依赖逐渐增强，日渐失去了自我摆脱困境的勇气和能力。

（六）老无所养、生活困难

"养儿防老"这一俗语高度概括了我国传统的养老方式，不难看出，儿女是父母养老的主要责任人。不论是传统文化、社会道德还是法律规范中都对儿女奉养年迈父母的义务有明确的、被广泛认可的规定，即便是今天，儿女在父母养老中也扮演了极为重要的角色。从经济反哺、情感支持到生活照料等方面，儿女的作用都是必不可少的。

表 5-19 表明，川渝地区绝大多数老人日常生活可以自理，需要照顾的 10 名失独者中，2 人已经入住养老院，4 人由老伴照顾，另外 4 人处于独居状态，情况令人担忧。

表 5-19　失独者需要照顾情况及居住状态交叉表

需要照顾情况	居住状态					总计
	独居	与配偶居住	与亲戚居住	住养老院	与孙辈同住	
完全可以自理	33（84.6）	71（89.9）	0	2（50）	4（100）	110（86.6）
偶尔需人照顾	2（5.1）	4（5.1）	1（100）	0	0	7（5.5）
大部分时间需人照顾	2（5.1）	4（5.1）	0	2（50）	0	8（6.3）
完全不能自理	2（5.1）	0	0	0	0	2（1.6）
总计	39（100）	79（100）	1（100）	4（100）	4（100）	127（100）

注：括号内为此列百分比，单位：%。

家庭是传统养老方式中的重要养老场所，独生子女作为唯一的养老责任主体，其养老责任重大，心理压力巨大。万一独生子女出现伤残甚至死亡现象，那么独生子女家庭的养老风险就会被急剧放大，独生子女父母就会缺乏可替代的家庭养老支持，不存在其他形式的家庭养老支柱，他们的家庭养老保障功能根本就无法实现❶。在这种情况下，一些失独老人转而考虑机构养老。然而，在农村，机构养老与传统的"养儿防老"观念不符，在养老机构发展的过程中遭遇了一定程度的污名化，舆论一定程度上认为只有那些儿女不孝或者无子女者才会选择机构养老。同时，就农村养老机构而

❶ 赵仲杰.北京城区独生子女家庭的养老问题研究[M].北京：知识产权出版社，2012（1）：199.

言，吴玉韶等学者指出我国当前的大部分养老机构至少存在基础设施配备不足，适老性设计滞后；服务理念滞后，供需错位；人才队伍建设滞后，专业人才缺乏❶等问题，再加上前文提到的经济问题，失独老人机构养老仍然存在较多顾虑与困难。此外，养老机构在接收失独老人问题上也存在一定的顾虑。养老服务合同中要求入住老人必须有"担保人""委托人"，以确保机构对老人情况的全面了解、服务费用的及时收缴以及老人紧急情况的处理等。就目前情况而言，"担保人"主要是老人的子女，因此，失独老人很容易卡在"担保人"这一关，养老机构在面对没有可靠的担保人的失独老人时，大多也不愿冒着风险接收，其结果只能是失独老人入住无门。

（七）孙代孤独，养育困难

对于农村青年而言，他们的结婚年龄与生育年龄都相对较早，大多"80后"和部分"90后"独生子女已经结婚生子，时至今日他们的子女大多是婴儿、儿童或青少年，正处于身心发展的关键时期。然而一旦正值壮年的独生子女去世，留下配偶与第三代，不仅抚养的责任很大程度会落在失独父母身上，配偶和孩子也会面临诸多困难和挑战。

课题组根据调研期间的观察，将性别、居住地点、年龄、孙辈数量、孙辈抚育者作为考量要素，选取了8位比较有代表性的有孙辈失独父母进行半结构式访谈。（见表5-20）因祖孙同居与祖孙分居对失独父母处境影响巨大，而本次调研的65位有孙辈失独者中仅4位与孙辈同居，为了能够更充分地了解祖孙分居，失独父母的需求和困境，故在征得同意后将4位有孙辈失独父母均作为访谈对象。形式上采取一对一、面对面访谈。在预先选定访谈对象后，通过电话联系，征得同意后约定具体访谈时间、访谈地点（8名访谈对象均同意在其家中进行访谈）。调研人员在约定的时间与负责翻译的同志一同携带适当礼品前往约定的地点进行访谈。

表 5-20　访谈对象概况

编号	性别	年龄	居住地	文化程度	孙辈数量	孙辈年龄	孙辈抚育者
1	男	62岁	仁寿县	文盲	1	9岁	外祖父
2	男	65岁	仁寿县	高中	2	10岁、6岁	祖父母

---

❶ 吴玉韶，王莉莉，孔伟，等.中国养老机构发展研究[J].老龄科学研究，2015（8）：20.

续表

编号	性别	年龄	居住地	文化程度	孙辈数量	孙辈年龄	孙辈抚育者
3	女	70 岁	丰都县	小学	1	14 岁	祖母
4	女	69 岁	仁寿县	文盲	1	12 岁	祖母和母亲
5	女	75 岁	丰都县	小学	1	26 岁	祖母
6	男	77 岁	仁寿县	小学	1	30 岁	母亲
7	女	55 岁	仁寿县	小学	1	6 岁	母亲
8	女	62 岁	丰都县	小学	1	7 岁	父亲

农村与城市相比，独生子女数量略少，人口生育年龄低且死亡率高，这意味着农村可能有更多的独生子女在有子女后去世，也就是说农村可能存在一定规模的有孙辈失独家庭。本次调研的结果证实了这一假设，有孙辈失独的案例广泛存在，在127位失独者中有65位有孙辈子女，占到半数以上。已育独生子女的去世会对父母、配偶及其子女造成巨大的影响。首先，就失独父母而言，在情感上，孙辈是失独父母对离世子女的精神寄托；而在抚养责任上，若由老人抚养孙辈，会给失独父母的养老带来一定经济和精力的负担。在与有孙辈的失独父母实际接触中，发现凡由老人承担孙辈教养责任的失独家庭多存在经济、孙辈教育等方面的困难。其次，就过世的独生子女而言，他们过世后，家庭的经济重担将落到其配偶身上，这或将导致配偶忙于生计无暇顾及孩子的教育及生活。若过世独生子女的配偶选择重组家庭，那么其子女在新家庭中将会得到何等的对待亦是充满未知数。再次，就孙辈而言，父或母去世导致他们要面临孤独成长、缺乏关爱、父/母爱缺位、自卑敏感、隔代养育质量难以保证等问题，这对于孩子健康人格的形成、心理的健康成长、人际交往和学习能力的提升等都会有一定的负面作用。

在涉及孙辈抚养的相关问题上还可能存在失独父母与失独子女配偶间的矛盾冲突，姚兆余、王诗露指出，由于财产继承上的争议、子女配偶新家庭的建立等原因，失独子女的配偶一方往往拒绝让老人探望孙子孙女，给老人脆弱的心理上又增加了一道新的伤口❶。

---

❶ 姚兆余，王诗露.失独老人的生活困境与社会福利政策的应对 [J]. 重庆工商大学学报（社会科学版），2014（4）：86-92.

本次调查重点关注第一方面，即孙辈的存在对农村失独父母养的影响。经过调研发现，因孙辈的存在，农村有孙辈失独父母养老主要存在养育孙辈与经济紧张、照料孙辈与精力不足、教育孙辈与文化程度低、思念孙辈与探望受阻四对矛盾，其中前三对矛盾主要出现于祖孙同居或由祖辈承担孙辈抚养责任的失独家庭中，第四对矛盾则主要出现在祖孙分居，由父辈承担抚养责任的失独家庭中。

1. 养育孙辈与经济紧张的矛盾

随着现代社会的发展，新增家庭成员已经不像 20 世纪"多一个人不过多一副碗筷"那么简单。家庭需要为年幼的成员提供更多的资源以确保其健康成长、顺利发展。然而在农村有孙辈失独家庭中，抚养孙辈的一系列开支导致本就捉襟见肘的经济养老资源被稀释。面对经济资源紧张，失独父母既无法保证孙辈的健康成长，又对自己养老充满忧虑。

访谈对象 1 为离异有孙辈失独老人，在访谈中他说道："女儿出事走了，政府每个月给我 700 块，我特别感谢。但是要是只有我一个人还好，我的（外）孙女在学校吃喝、学习都要花钱，将来要是有一天我病了，干不了活了，（外）孙女可该怎么办？……要是我有妻子的话每个月能拿 1400 块，那样才勉强够花。"

从老人的话中可以发现，离异有孙辈失独老人虽然每月能够领到 700 元的特扶金，但仍面临着严重的经济困境，相比再婚失独父母，其经济困境更为明显，微薄的特扶金不足以满足老人及其孙女二人的生活开销，即使加上老人的务农收入，每月收入也不足千元，当前的生活尚不能保证，更不用谈以后老人养老了。

与离异有孙辈失独老人相似，多孙辈失独老人的经济困境也十分突出。访谈对象 2 为多孙辈失独老人，他说道："我的儿子儿女双全，是多么高兴的事情……儿子去世了，儿媳也改嫁了，后来儿媳嫌弃孙子孙女累赘，就把两个孩子送到我这里，按理讲我应该高兴才是，只是两个孩子生活上全靠我们老两口，我妻子身体还不好，离不开我照顾，（我）也没法出去打工挣钱，政府一个月给我们的 1400 块确实是挺多，但实在是不够四口人用。"

总体上看，不论是离异有孙辈失独老人还是多孙辈失独老人，其经济困境主要表现为家庭人均收入低，无法满足生活需要。其主要原因在于抚养孙辈对农村失独老人是一笔不小的开销。可以说，养育孙辈稀释了承担孙辈抚养责任的农村失独老人的经济养老资源。

2. 照料孙辈与精力不足的矛盾

随着年龄的增长，失独老人身体不断衰老，精力体力也随之不断下降，然而年龄尚小的孙辈却仍需要生活照料、洗衣做饭。孙辈作为去世子女生命的延续，老人不舍得让其生活上受委屈，在孙辈的生活照料上尽己所能，却导致孙辈被溺爱娇惯，更加依赖老人的照顾，难以自立自理，老人日渐衰退的精力体力越来越难以负担照料任务。在访谈中，访谈对象3说："这孙子是我儿子给我留下的，让他受了委屈我对不起天上的儿子……每天早上6点要给孙子做好早饭……孙子调皮，每天从学校回来衣服经常是脏的，白天就要给他洗换下来的脏衣服……只是我实在是老了，精气神儿跟不上了，不知还能不能照顾到他考上大学。"

访谈对象4的照料任务相比访谈对象3而言要轻一些，她与孙女一同居住，儿媳在县里务工，每月休班会回村住上几天照顾上小学的女儿。"我儿子找的这老婆真是好，能出去挣钱不说，还能每个月回来几天照顾闺女，我也就轻松了许多。"

可见，照料孙辈对年事已高的失独父母而言并非一项轻松的任务，若没有人替换，长期照顾孙辈对于其精力体力的压力十分巨大，长此以往或将导致老人的身体健康状况下降，加速衰老。

3. 教育孙辈与文化程度低的矛盾

养育孙辈不仅包含了物质供养、生活照料，还要对孙辈进行家庭教育、学业辅导，让孙辈能够树立正确的价值观、道德观，取得学业上的成就，走出农村。本次调研中，72.3%的有孙辈失独父母的文化水平多处于小学及以下，初中毕业的占24.6%，仅2人上过高中或中专。有孙辈抚养责任的四位老人中，访谈对象1、3、4均为小学及以下学历，访谈对象2为高中学历。在调研中笔者发现，所有访谈对象的孙辈中，除访谈对象2六岁的小孙女小学还未入学外，其他孙辈在学业表现上均不佳，学校课堂教育之外基本无法获得有效课外学业辅导。诸位老人也表示无法胜任中高年级的作业辅导，更不用说是否有足够的精力来对孙辈进行学业辅导的问题了。在访谈中，访谈对象 3 表达了她对孙子学业成绩的担忧和无奈："看着他（孙子）每次考试都是班里后几名，我实在是没办法，我也没上过什么学，现在小学的课五花八门，以前孙子上一二年级的时候我还能看得懂（作业、课本），现在又是外语又是数学，我就不晓得了。有文化的年轻人都去城里了，村里都是我们这些老头、老太太，（村里也）没人能教得了他。"

可见，随着农村劳动力流失、老龄化不断加重，农村儿童存在课业无人辅导、学习成绩差的问题。这导致农村有孙辈失独老人对孙辈前程的担忧。

4.思念孙辈与探望受阻的矛盾

独生子女去世，失独老人倾向于将孙辈视为子女生命的延续，是自己重要的精神寄托，与孙辈聊天是其精神慰藉的重要来源。然而，在调研中笔者发现，仅极少数有孙辈失独老人能够获得孙辈的抚养权，绝大多数老人与孙辈分居两地，受老人身体状况不佳、距离遥远、川渝农村道路坎坷等因素的影响，农村失独老人少有机会能够见到孙辈。特别是在去世子女配偶重新组建家庭后，探望孙辈更是难上加难。可以说，探望孙辈受阻给老人脆弱的内心又增加了一道新的伤口。

在接受访谈的 4 位祖孙分居失独老人中，有 3 位探望孙辈存在或大或小的困难。访谈对象 8 的独生女去世后，其女婿带着老人的外孙女又组建了新的家庭，外孙女的继母对失独老人频繁探望外孙女非常反感，曾多次严词拒绝了老人。

"他（女婿）给外孙女找的后妈厉害得很，自从他们结婚之后我去看了几次（外孙女），就不让我去了，说看见我就烦，后来干脆搬了家，也不知道把我外孙女带哪儿去了。"

"外孙女生得跟她妈妈（受访者的女儿）很像，特别是那眼睛跟嘴巴。每次看到外孙女就好像看到了女儿小时候，要是能再让我把她养大该多好……"（受访者抑制不住情绪开始哭泣，访谈不得不中断）

一个"再"字说明访谈对象 8 一定程度上将孙辈视为子女生命的延续，填补了过世子女在其心中的位置。而探望孙辈受阻无疑给访谈对象 8 的晚年生活带来了新问题、新压力。

二、中观层面的困境

（一）自我隔离、社交内卷

失独者很容易陷入一种自我隔离的处境，从主观上讲，独生子女去世后失独者存在一种易受伤害的自卑心理，不愿与人进行社会交往，更不愿提起与孩子相关的话题。为了避免再次受到刺激，他们转而进行有选择的社会交往，例如仅与同样的失独对象交往，更严重的甚至会选择自我隔离，交流内卷至夫妻之间，与村民、邻里渐行渐远。

从客观上讲，社会发展的进程使得城乡的生活及交际方式发生了极大的变化。一方面，目前农村受到城市的影响日益增加，农村已经不完全是以往的熟人社会，人与人之间的关系已经变得趋于理性、趋于利益化；另一方面在工作方式上，有些农村老年失独者面临无力从事农活的转折，意味着其作为劳动者的角色即将终止，进入角色的"失去期"。在某种程度上，不能再从事田间劳作就意味着个人与农村社会的断裂。

（二）社区脱嵌、参与困难

综合来看，我国农村社区中的农民社会组织或自组织发育尚处于起步阶段，农村民间组织在数量、规模、功能等方面很不成熟，即便是少数的民间组织也无法吸引失独者参与活动，也无法为农村失独者提供很好的支持。目前农村民间组织的成立和运行还须假以时日。学者谭磊指出，由于目前社会处于利益多元化取向阶段，政府部门行政化明显，而面向社区的社会组织服务发育不足，社区居民的分散性较高、凝聚力不够，搭建社区互动平台有较大难度，失独者难以在社区环境中获取生活照顾等所需支持，从而易产生自闭、逃避等不良心态，以致难以融入正常的社会生活。❶

对于参与村委会活动的情况，益阳农村失独父母中，48 位选择"从不参加"，占 40.0%；38 位选择"偶尔参加"，占 31.7%；19 位选择"经常参加"，占 15.8%；15 位选择"主动参加并积极活动"，占 12.5%（见表 5–21）。可见，益阳农村失独父母中参加村委会活动的比例不大，其原因一方面是这些失独父母尚未从失独痛苦中走出，另一方面是村委会组织的活动难以调动这些失独父母的参与热情。

---

❶ 谭磊.论社会工作视角下失独父母的社会融入问题 [J]. 东疆学刊，2014（3）：83.

表5-21 受访农村失独父母参与村委会活动的情况

	频次	百分比（%）
从不参加	48	40.0
偶尔参加	38	31.7
经常参加	19	15.8
主动参加并积极活动	15	12.5
合计	120	100

对于不参加活动的原因。益阳农村失独父母中，58位选择"情绪太悲伤，无法参加"，占比48.3%；31位选择"不知道有相关活动举办"，占比25.8%；28位选择"觉得活动太无聊，不想参加"，占23.3%（见表5-22）。除此之外，还有3位失独老人未做任何选择或者没有给出其他理由。可见，益阳农村村委或者社会组织既要加大宣传相关活动，同时还要提高活动的质量及针对性，以此来提高失独父母参加活动的积极性。

表5-22 受访农村失独父母不参加活动的原因

	频次	百分比（%）
情绪太悲伤，无法参加	58	48.3
不知道有相关活动举办	31	25.8
觉得活动太无聊，不想参加	28	23.3
其他	3	2.6
合计	120	100

同样，重庆、四川的调研数据显示，52.8%的失独者表示从不参加或偶尔参加社区活动，但仍有19.5%的人是社区活动中的积极分子或骨干（见表5-23）。

表5-23 失独者社区活动参与状况

	频次	百分比（%）
从不参加	47	38.2
偶尔参加	18	14.6
经常参加	34	27.6
主动参加并积极活动	24	19.5
总计	123	100

三、宏观层面的困境

（一）政策补助、杯水车薪

我国失独家庭面临着诸多困境，这一情形引发了我国政府和社会的普遍关注。在相应的社会政策方面，2001 年颁布的《中华人民共和国人口与计划生育法》第 27 条规定：获得《独生子女父母光荣证》的夫妻，独生子女发生意外伤残、死亡的，按照规定获得扶助。❶ 原人口计生委、财政部在 2007 年发布的《关于印发全国独生子女伤残死亡家庭扶助制度试点方案的通知》、2013 年国家卫计委、民政部、财政部、人力资源社会保障部、住房城乡建设部联合发布了《关于进一步做好计划生育特殊困难家庭扶助工作的通知》，2014 年国家卫计委办公厅发布了《中国计划生育协会关于开展计划生育特殊困难家庭社会关怀的通知》，其中五部委联合发布的《关于进一步做好计划生育特殊困难家庭扶助工作的通知》中将针对女方年满 49 周岁的独生子女伤残、死亡家庭夫妻的特别扶助金标准分别提高到了城镇每人每月 270 元、340元，农村每人每月 150 元、170 元。然而，这个额度从当时的物价水平来看，也难以满足一个失独家庭最基本的生活需要。虽然诸如北京、上海、广州等一些大城市将扶助金标准进一步提高，但就当地消费水平而言，对于失独家庭也是杯水车薪。其他的一些条款则多为倡导性的，各地方政府的执行程度就难以保证，特别是对于欠发达地区，情况更加令人担忧。另外，当前我国对于失独家庭的社会政策主要着重于经济补助方面，而对于情感支持和失能老人日常生活照料则关注较少。

（二）法律缺位、维权困难

失独家庭在我国被社会发现和关注已有十余年的时间，但在家庭因失独而可能涉及的法律方面仍没有做出足够的改进。

首先，《中华人民共和国人口与计划生育法》虽然在颁布 12 年后进行了修正，但修正内容并没有涉及对失独家庭的保障方面，对帮助失独家庭的条款仍然停留在倡导层面，没有实质性规定，所以实施起来存在困难。

其次，学者齐恩平和傅波 2013 年的研究发现《中华人民共和国继承法》（以下简称《继承法》）在失独老人养老方面存在很大的改良空间。《继承

❶　张荣顺，王培安 . 中华人民共和国人口与计划生育法解读 [M]. 北京：中国民主法制出版社，2016：9.

法》第 14 条规定，对继承人以外的依靠被继承人扶养的缺乏劳动能力又没有生活来源的人，或者继承人以外的对被继承人扶养较多的人，可以分给他们适当的遗产。失独者依靠其他人（诸如侄子侄女、外甥外甥女甚至没有血缘关系的人）养老，在路径上是具有较强的可行性的，但《继承法》中并未对这类人的遗产继承比例进行明确规定，也没有确定其优先继承权。因此，学者齐恩平和傅波指出，如果失独老人未立遗嘱或未签订遗赠抚养协议而离世，其财产认定无主而收归国有，显然不利于尽赡养责任的侄甥子女等赡养人的权利保护，损害侄甥子女等人的积极性。●

再者，在实际生活中，失独者还会遇到"隔代探望权"的问题。在独生子女去世后，独生子女的配偶与其父母的关系存在恶化的可能，从而导致配偶不允许失独者探望孙辈的情况。显然，失独者对孙辈的探望权应得到法律保护。

（三）社会排斥、渐趋孤立

上文提到，失独者存在自我隔离、社交内卷的微观层面的困境，这看似是失独者自主决定的结果，然而，从宏观层面来看，失独者陷入孤立也存在着一定的必然性。学者向德平、周晶对失独家庭在社会服务体系中的被排斥进行了分析。他们指出，失独家庭面临着经济、制度、文化等方面的排斥。第一，在经济上，家庭重要劳动力的丧失和自身身体机能及健康状况的下降导致失独者面临经济方面的问题。他们从事的工作多为临时性的，无法取得社会保险，他们所得的收入是有限的，难以享受照护服务。第二，在制度上，城市与农村失独家庭因城乡二元结构的影响导致他们能享受到的服务条件不同，农村失独家庭更加脆弱、面临着更大的风险。第三，在文化上，一方面，小团体的亚文化认同可能导致失独家庭抱团进行自我隔离，失独家庭更愿意与同病相怜的失独者进行交往，特别是在成立失独者组织后，出现了失独家庭抱团取暖的现象，这一现象虽然存在一定的积极意义，但也会导致失独群体对于自身小团体的认同感不断增强，从而排斥参加其他类型的团体活动，在养老和生活交往中与其他群体划定明显的界限，这样便导致"同命人群体"

● 齐恩平，傅波. 完善失独老人养老路径的法律探析 [J]. 天津商业大学学报，2013（5）：65.

在整体上被排斥在社会主流文化环境之外；❶另一方面，传统文化对于失独家庭也有着一定的压迫、排斥作用，在"多子多福""养儿防老""四世同堂""不孝有三，无后为大" 等深入人心的观念的影响下，农村失独家庭难免陷入自我标签化的困境。

同时，失独者还承受着人际交往上的排斥。在经历失独这一危机事件后，失独者往往变得敏感、自卑，在与他人的社交中难免会回忆起自己的孩子，容易受到伤害。因此，当人们得知自己社交的对象是失独者时，往往因害怕不经意间伤害到对方或者恐怕失独者会给自己带来霉运而尽量避免与他们交往，最终导致失独者的社会支持网络越发稀疏、支持功能日渐走向弱化。

---

❶ 向德平，周晶.失独家庭的多重困境及消减路径研究——基于"风险—脆弱性"的分析框架 [J]. 吉林大学社会学学报，2015（6）：60.

第六章 农村失独家庭社会保障、社会支持政策评估

"白发人送黑发人"是一个家庭最不能承受之痛，失独家庭在经历失独这一事件后面临诸多困境，生活质量大不如前。学界研究发现失独者在身体健康、心理健康、经济状况、社会保障、养老状况、社会融入方面存在着一定的不适与困境，失独群体急需社会和政府的关爱。

失独家庭严峻的困境和增速引起了社会和政府的关注，相关报道、研究和扶助政策近年来渐趋丰富。课题组梳理了十多年来我国政府出台的关于失独家庭的扶助政策，发现当前扶助政策存在的问题，并提出建议，以帮助政府高效地、合理地配置资源扶助失独家庭，有效提升扶助政策的适用性，纾解失独家庭面临的困境。

一、失独家庭扶助政策发展历程

（一）萌芽阶段（2001—2007 年）

对失独家庭的关怀在十几年前就已经写入了我国法律，2001 年 12 月 29 日颁布的《中华人民共和国人口与计划生育法》第 27 条规定："独生子女发生意外伤残、死亡，其父母不再生育和收养子女的，地方人民政府应当给予必要的帮助"。"必要的帮助"这一界定未明确帮扶标准，不管地方政府是否给了帮助都不会受到上级政府的考核或惩罚。因此，模糊的法律规定到了地方上近乎成为一纸空文。虽然在当时鲜有地方政府依照法律帮扶失独家庭，但该条规定是国家首次在制度层面明确政府对失独家庭负有帮扶责任，可视为国家对失独家庭帮扶的元年。

（二）试点阶段（2008—2012 年）

原人口计生委、财政部于 2007 年 8 月发布的《关于印发全国独生子女伤残死亡家庭扶助制度试点方案的通知》，规定帮扶对象为："我国城镇和农村独生子女死亡或伤、病残后未再生育或收养子女家庭的夫妻"，同时扶助对象还应符合的条件包括：1. 1933 年 1 月 1 日以后出生；2. 女方年满 49 周岁；3. 只生育一个子女或合法收养一个子女；4. 现无存活子女或独生子女被依法鉴定为残疾（伤病残达到三级以上）。该通知规定首先在东部地区的江苏省、山东省、上海市，中部地区的湖南省、山西省，东北地区的吉林省，以及西部地区的甘肃省、贵州省、重庆市进行试点。

虽然该通知相比《中华人民共和国计划生育法》进一步明确了帮扶标准，规定政府给予符合条件的失独人员每人每月不低于 100 元的扶助资金。遗憾的是"每月不低于 100 元"被许多地方政府理解为每月只发 100 元，并且扶助内容也仅限于此，虽然在 2012 年提高到每月 135 元，但失独家庭在精神慰藉、养老保障、看病就医等方面的迫切需求并未被政策关注到。

（三）推广阶段（2013—2015 年）

2012 年 6 月，全国各地的失独者共聚北京，向国家卫计委提交了一份由 2431 位失独者签名的《关于要求给予失独父母国家补偿的申请》，直到 2015 年，失独者共计 6 次进京请愿，不断向国家表达他们迫切需要获得国家补偿的愿望。2013 年 12 月 18 日，国务院发布《关于进一步做好计划生育特殊困难家庭扶助工作的通知》，将特别扶助金标准分地区、分类别细化地提高到城镇每人每月 340 元（死亡）、每人每月 270 元（伤残），农村每人每月 170 元（死亡）、每人每月 150 元（伤残）。在养老、医疗保障以及社会关怀方面，也进行了初步的规定。

2015 年 5 月 6 日，国家卫计委在对进京失独者的答复中表示，在失独者医疗、再生育、养老、精神慰藉方面将督促地方政府落实，并将统一城乡特扶金发放标准。

（四）提升阶段（2016 年至今）

2016 年 4 月，国家卫计委发布了《关于进一步完善计划生育投入机制的意见》，将农村独生子女伤残及死亡家庭扶助标准提高到与城镇一致水平，即每人每月 270 元（伤残）、每人每月 340 元（死亡），同时根据各地区社会经济发展水平等方面因素实行了特别扶助制度扶助标准动态调整政策。特扶金政策贯彻"低起点、广覆盖"和地方不封顶、可持续的原则。2019 年 1 月，国家卫健委在对十三届全国人大代表建议的回复中提到当前计划生育特扶金为每人每月 350 元（伤残）、每人每月 450（死亡），并且将从经济扶助、养老保障、医疗保障、社会关怀等方面做出全面的制度性安排。❶

二、政策存在的问题

通过上文对国家层面独生子女伤残及死亡家庭扶助政策的梳理可以发现，我国失独家庭扶助政策虽然近年来得到了一定程度的重视和发展，但政策扶助的内容和质量仍存在优化空间。

（一）扶助政策滞后、扶助年龄偏高

首先，国家有关部门未能及时制定出对于农村失独家庭的扶助政策。在访谈中调查员了解到，部分农村失独家庭参加的农村社会保险并未有效地针对失独家庭政策出台，而由于养老保险、医疗保险覆盖率偏低，参保的失独家庭真正的养老需求、医疗需求无法得到满足。与此同时，失独者在访谈时认为当前扶助金的申领过程过于冗杂且缺乏人文关怀。即必须用独生子女死亡证明进行申领，此外还将名单进行公示，对于他们来说无异于往自己的伤口上再撒盐，这些非人性化的因素也导致了失独者不愿意去领这笔钱。另外，经济扶助途径过于单一，仅通过扶助金对农村失独家庭进行帮扶，其作用甚微。很多原来依靠子女的农村失独家庭失去子女后也就等同于切断了收入来源，这种状态下仅授之以鱼而不是授之以渔，正常的生活难以为继。

其次，农村地区传统的思想观念束缚了本应传达的守望相助。对待失去孩子的家庭，身边的邻里、朋友选择远离他们。对于生活缺乏保障、养老没有依靠、精神慰藉缺失等问题，政策上都没有出台相关的保障措施，而是否将失独家庭纳入五保户关怀范围也同样值得探讨。因此，农村失独家庭社会保障的政策，还有许多的地方亟待完善，以适应这一群体的切实需求，促进

---

❶ 国家卫生健康委员会. 对十三届全国人大一次会议第 5901 号建议的答复 [EB/OL]. http://www.nhc.gov.cn/wjw/jiany/201901/f1bb0d0962e149309771cbbb2b05f2dc.shtml，2019.06.07.

失独家庭的更高层次的需求得到满足，让失独群体共享社会发展的美好成果，最终实现社会的长治久安。

最后，对失独家庭发放扶助金的领取年龄设置偏高。失独家庭的另一个特征是较难再次生育，我国目前的立法并未对失独家庭给出明确的定义，但从各地方政府发放失独家庭扶助金的相关规定来看，较多以女性年龄作为衡量标准，即要求女方年龄在49岁及以上，失独父母才有资格一同获得补助。这也似乎从另一方面说明了"失独母亲"的年龄。诚然，医学上界定女性的生育极限年龄为49岁，49岁后几乎无法再孕，而考虑到不同地域、不同体质都存在一定的差异性，一些女性或许会因为工作繁重或身体素质差提前丧失生育能力。毕竟在人的生命历程中，母亲一旦超过35岁的临界适龄生育年龄、错失补偿性生育的战略机遇期后，不可避免地会逐步丧失再生育能力。事实上，女性年龄达到40岁以上就属于高龄产妇，存在较高的生育风险。另外一种情况是，有的女性在初次生育后进行了绝育手术，导致失独后无法再育。若硬性规定女方年龄必须达到49周岁，也即医学上的极限生育年龄才能承认"失独"要件，条件难免过于严苛，也背离了立法者对失独家庭进行倾斜性照顾的出发点和落脚点。只有女方年满49岁及以上的失独家庭才有资格领取这笔扶助金，还有很多失独家庭尚未达到这一标准，但从他们失去独生子女至满足规定年龄这一时期正是他们最痛苦、最无助的阶段，而针对性的社会保障政策却是空缺的，让这些失独家庭处于"真空地带"求助无门。因此，我们认为，只要是无法再次生育改变"失独"处境的家庭（女性年龄可放宽至40岁），无论是生理上还是病理上的难以再育，都视为本研究讨论的国家法律责任对象。而那些尚年轻且身体素质较好的失独父母，有能力再次生育以改变失独处境的家庭，我们认为其处于"暂时性失独"状态，不在本研究讨论的"失独家庭"范围之中。

（二）聚焦经济扶助、欠缺精神关怀

失独事件对失独者的打击首先就是精神上的，然而我国当前在政策上对失独者精神健康的重视程度仍有不足。自2007年《关于印发全国独生子女伤残死亡家庭扶助制度试点方案的通知》起，政府对失独家庭的扶助就聚焦于经济扶助，之后的十多年中，虽然特扶金标准不断提升，但是失独家庭的困

难不仅是经济上的。在 2016 年发布的《关于进一步完善计划生育投入机制的意见》中，强调各地应关注失独家庭的养老保障、医疗保障和社会关怀，各地也出台了一定的政策制度，但失独家庭的精神健康方面仍很大程度上被忽视了。精神慰藉在失独家庭中发挥的作用举足轻重，却容易被人们忽视，尤其是在广大的农村，失独家庭父母文化程度总体来说较低、转移注意力的方式比较单一，加之专业社会组织、专业服务人员缺乏，并不能满足其精神慰藉的基本需求。由于农村的传统思想观念，子女的去世有可能会引起夫妻间的关系破裂甚至婚姻瓦解，心理上的创伤难以愈合。在农村地区，观念上的封闭、封建迷信思想的残留、邻里对失独家庭成员的排斥等种种因素相互作用，让失独父母的心理状态雪上加霜，加大了诱发精神疾病的可能性。而当前政府的关怀也仅局限于物质层面：受访者表示除了村里或上级的领导偶尔会在重大的节日送来一些慰问品外，很少再有别人会主动关心他们。他们希望有更多的志愿者帮助他们面对、战胜困境，纾解精神上的折磨。

在仁寿县调研过程中，当调研员问及失独者在心理方面急需哪些服务时，27 人选择需要心理疏导，占比 40.9%；16 人选择需要邻里劝慰，占比 24.2%；8 人表示需要社区组织外出旅游散心，占比 12.1%；7 人表示需要社区家庭支持小组，占比 10.6%；5 人需要志愿者登门服务，占比 7.7%；3 人选择需要结交新朋友，占比 4.5%。

当问及丰都失独父母在心理方面急需哪些服务时，26 位失独父母选择需要心理疏导，占比 42.6%；16 位选择需要邻里劝慰，占比 26.2%；7 位表示需要社区组织外出旅游散心，占比 11.5%；6 位表示需要社区家庭支持小组，占比 9.8%；4 位需要志愿者登门服务，占比 6.6%；2 位选择需要结交新朋友，占比 3.3%。

由此可见，失独父母已经意识到需要通过心理和外力的支持帮助他们走出心里阴霾。这是一种痛苦中的挣扎，又何尝不是一种无奈的选择。

对于心理援助的看法，有 33 位失独父母认为"有必要，很有用"，占比 27.5%；32 位失独父母认为"没有必要，没有作用"，占比 26.7%；9 位失独父母认为"有必要但不现实"，占比 7.5%；46 位表示"不清楚"，占比 38.3%。可见，有 35% 的失独父母认为心理援助有必要，有 65% 的失独父母认为没必要或者不清楚何为心理援助。鉴于此，需要对于心理援助加以宣传或者积极开展心理帮扶活动。

但课题组从访谈材料看，除重庆丰都县对于农村失独父母开展的心理慰藉较为正规外，其他区域所开展的精神慰藉工作大多只停留在节日的慰问方面。可见对于农村失独家庭的精神慰藉工作需要大力加强。

（三）扶助额度偏低、需求仍未满足

研究发现，48.9%的失独家庭年收入在10000元以下，年收入在30000元以上的家庭不足15%，生活相当困难。❶

即使是发达地区，我国对失独家庭的扶助金仍没有超过每人每月1000元，仅能满足最基本的生存需要，加之当前我国对失独家庭以经济扶助为主，失独者难以用杯水车薪的特扶金自行购买其他（如心理咨询、生活照护、看病就医等）服务。

（四）医疗保障不完善、养老保障不健全

调研数据表明，在农村失独者总体中51～80周岁年龄段的比例高达65%。由此可见，随着年龄的不断增长，对于生理机能不断下降甚至已经患有慢性、重大疾病的失独群体来说，具有可及性的医疗服务资源不可或缺。与现实需求相反的是，当前农村的医疗服务水平和医疗卫生设施无法满足农村失独者的需求，更多的是农村失独家庭在看病时只能选择附近的药店或资质有待检验的私人诊所就医。调查发现目前湖南省还没有具体针对农村失独家庭的医疗保障制度。同时，新农合也没有完全覆盖到所有失独家庭，很多农村失独家庭都因为在医院住院费用或看病费用太高，以及报销比率的问题而不得不放弃看病，这对于农村失独家庭父母来说无疑是雪上加霜。患病不仅没有子女照护自己，甚至享受不到基本的医疗服务，这种种因素综合在一起共同作用，将他们推向社会边缘。

在养老保障层面，养老保障制度尚不健全。首先，农村社会养老保险替代养老金的概率远低于城镇，并且农村社会养老保险的覆盖率很低。这源于农村传统的养老观念，即许多失独家庭原本是以子女赡养为主，失去子女后失独家庭养老失去依靠对象。其次，农村养老基础设施建设落后，农村养老

---

❶ 黄涛.失独家庭及其扶助保障政策研究—以河南省为例[J].人口研究,2018（5）:103-112.

服务方式、范围、种类单一，农村失独父母的晚年生活无法得到可靠的保障。再次，农村养老机构设置不合理。比如一些养老机构在接收老人的流程中必须有儿女签字的环节，这一规定导致很多失独父母失去了进入养老机构养老的敲门砖。最后，政府对农村养老的投入匮乏，养老机构的基本硬件设施、居住环境、护理水平都比较落后，农村的失独老人难以获得优质的养老服务，结果导致出现了很多失独父母老年生活凄惨的现象。

（五）细化分类不足、资源分配不公

从上文梳理的政策中可以发现，国家层面仅将"计划生育特殊家庭"划分为独生子女伤残家庭和独生子女死亡家庭，并且仅在特别扶助金的额度上存在差别。

然而，失独家庭的概念较为笼统，可以细分为许多种类，不同种类的失独家庭存在不同的困境与需求。根据家庭有无再生育及领养意愿，可以将其精准甄别为暂时性失独家庭或永久性失独家庭：暂时性失独家庭是指有领养意愿的或有生育意愿且有生育能力的失独家庭，而无生育或领养意愿的失独家庭则界定为永久性失独家庭；后者可能会因永久性的再无后代而陷入自闭状态，自绝于社会，导致其社会融入、身心健康每况愈下；比较之下，暂时性失独家庭可能存在再生育的费用、技术、健康状况以及抚养能力困境。根据失独父母有无第三代/孙辈，可以将失独家庭划分为有孙辈失独家庭和无孙辈失独家庭。有孙辈失独家庭的孙辈比备受公众关注的留守儿童更加需要关爱，并且他们作为祖辈也遇到探望权得不到保证、自身抚育能力不足的问题等。不加划分地统一发放扶助金不利于扶助资源的合理分配。

（六）扶助主体单一、社会参与不足

虽然卫健委在《关于进一步完善计划生育投入机制的意见》中指出社会关怀也是计划生育特殊家庭的需求，但当前开展失独家庭服务的主体仍是政府，社会参与失独服务的案例较少。失独家庭的一些需求是具有一定专业性的人员才能满足的。政府的资源和政府工作人员的专业能力有其局限性，在丧亲辅导、精神抚慰、社会融入等方面如果完全由政府公务人员开展，可能存在服务质量不高、需求不能满足的状况。

反观非营利社会组织，其在促进社会和谐、稳定发展、维护社会公平等

方面已起到强而有力的作用。但因为缺乏关于农村失独群体的研究，大部分的关注都聚焦于城镇，导致对农村失独家庭目前面临的困境认识不足，一些社会工作机构和其他社会志愿组织并未提供太多的服务。另外，我国的社会组织自身还处于发展阶段，在社会救助、社会服务上有较多的局限性：一是当前大部分社会组织开展的具体工作主要依托于政府购买的服务项目，这势必使其面对诸如资金匮乏或是项目承接能力有限等窘境，无法将专业服务输送到农村失独家庭中；二是社会组织缺乏专业服务人员，组织的规范性还需要不断加强。因此在帮扶农村失独群体的过程中难以确保所需服务的连续性、有效性，社会组织提供的服务则很难在短时间里取得成效，并且所提供服务的专业性、科学性有待商榷，可能会造成农村失独家庭的二次伤害。

（七）社会支持偏低、互助环境欠佳

社会支持理论的提出是基于依恋理论、系统理论、社会整合理论和社会网络理论，自 20 世纪 80 年代形成后发展至今，社会支持理论已经形成了一种科学的范式。社会支持是人类社会性的体现，社会支持网络的形成和丰富依赖于社会主体之间持续的社会互动，简言之，交往产生支持。

学者文军从 3 个角度总结了当前学界有关社会支持的定义：互动行为角度，功能角度及社会结构网络角度。对于互动行为角度，苟雅宏认为社会支持是人与人之间的亲密联系，为人提供精神上或物质上的帮助，同时这一过程也强化了人与人之间的亲密关系；[1] 对于功能角度，则认为社会支持的功能在于帮助个体实现个人的目标，或满足其在某一情形下的需要，包括自尊、情感、评价、归属、身份以及安全的需要等，[2] 巴勒内尔将社会支持归纳为一种个人处理紧张事件的潜在资源；而从社会结构网络角度看，社会支持是被意识到的或者是实际由亲密伙伴、社会网络和社区提供的工具性资源或表达性资源。

全宏艳发现，目前学者对社会支持的内涵界定可以分为两类：一是现实的、可见的、客观的支持，即实际社会支持（received social support），包括物质援助和直接服务；二是体验到的、情绪上的、主观的支持，即领悟社会支持（perceived social support），它是指个体感知到在社会中被尊重、被支持、被

❶ 苟雅宏.社会支持基本理论研究概述 [J].学理论，2009（12）：74.
❷ 文军.西方社会工作理论 [M].北京：高等教育出版社，2013（1）：212.

理解的情绪体验和满意程度。❶肖水源编制的社会支持评定量表（SSRS）中，将社会支持操作化为主观支持、客观支持以及对社会支持的利用程度 3 个方面。❷本研究以社会支持评定量表（SSRS）为基础，根据农村失独者的特点略做修改，而后以之为工具对重庆丰都、四川仁寿 127 名失独者的社会支持水平进行了测量。因此，本研究同样通过主观支持、客观支持以及对社会支持的利用程度这 3 个维度来分析农村失独群体的社会支持。

2018 年 7 月，课题组选取了农村失独家庭数量比较多的地区，重庆丰都县和四川仁寿县作为调研区域。在这两个县中，丰都县有 30 个乡镇（街道），共计 306 户失独家庭，其中，农村失独家庭 219 户，我们选取了 6 个拥有相对较多数量失独家庭的镇，包括龙孔镇、高家镇、仁沙镇、社坛镇、包鸾镇、树人镇，采用整群调研的方法，共调研 61 户失独家庭，发放问卷 61 份，回收问卷 61 份。同样地，在四川仁寿县选取七个乡镇，包括满井镇、彰加镇、钟祥镇、龙正镇、慈航镇、黑龙滩镇和洪峰乡，共调研 66 户失独家庭，发放问卷 66 份，回收问卷 66 份。问卷主要涉及失独家庭社会人口学状况，包括年龄结构、经济状况、家庭结构、健康状况、与家人的关系等；社会保障现状及需求状况，包括领取"失独家庭"特殊扶助金的情况、参加社会保险和政策扶助情况等；社会支持状况以肖水源社会支持评定量表（SSRS）为基础，针对农村失独群体特征进行了适当修改。SSRS 经课题组反复修改后共计 9 个项目，项目 1、3、4 为主观支持、项目 2、5、6 为客观支持、项目 7、8、9 为对支持的利用度。项目 1 ~ 4、7 ~ 9 计分为 1 ~ 4 分；项目 5、6 以支持来源为根据，计分为 0 ~ 9 分。量表总得分是 3 个维度得分之和，分数越高意味着社会支持的程度也越高。

本次调查中，除去 3 名未填答问卷的社会支持部分的调查对象外，其余 124 人填答均有效。社会支持得分的均值、中位数及众数如表 6-1；社会支持得分与其他相关变量的相关性检验如表 6-2。

---

❶ 全宏艳.社会支持研究综述 [J].重庆科技学院学报（社会科学版），2008（3）：69.
❷ 肖水源.《社会支持评定量表》的理论基础与研究应用 [J].临床精神医学杂志，1994（2）：98.

表 6-1 失独者社会支持得分

	主观支持	客观支持	对支持的利用程度	社会支持总分
均值	8.25 （±5.25）	5.8 （±5.2）	7.1 （±4.9）	21.15 （±12.15）
中位数	8	6	7	20.5
众数	7	6	6	20

表 6-2 社会支持得分与变量相关性检验

自变量	主观支持	客观支持	对支持的利用程度	社会支持总分
性别	0.217	0.237	0.730	0.609
年龄	0.224	0.963	0.513	0.181
文化程度	0.214	0.530	0.411	0.693
婚姻状况	0.096	< 0.0001	0.703	0.01*
月收入	0.633	0.209	0.022*	0.048*
是否有孙代	0.366	0.799	0.577	0.075
健康状况	0.012*	0.118	0.786	0.571
居住状态	0.091	< 0.0001	0.174	0.009*

注：表内数字为皮尔森卡方显著性，* 表示 P < 0.05。

本次研究中川渝两地受访失独者社会支持总得分为 9 ～ 32 分，虽然本次调查使用的量表相比 SSRS 减少了一题，但总体上而言社会支持得分总分仍然偏低。在影响因素方面，失独者的健康状况与主观支持显著相关（P < 0.05），婚姻状况及居住状态与客观支持现状相关（P < 0.0001），月收入与社会支持的利用程度显著相关（P < 0.05），婚姻状况、月收入水平、居住状态对社会支持总分存在显著影响（P < 0.05）。

同时，从调研数据我们可以发现，重庆丰都县绝大部分农村失独家庭与家人、邻居的关系很好，而且与社区工作人员接触情况也较好。82% 的农村失独家庭选择"经常与社区工作人员接触"，说明丰都县社区人员工作做得到位，与农村失独家庭的关系融洽，深得农村失独家庭的爱戴。但是，我们也发现，在一些地方，部分失独家庭与邻里的关系不是很好。在传统社区中，邻里互助是社区的特质之一。远亲不如近邻，作为农村失独家庭的邻居本应该发挥区域优势，做到邻里互助。然而，调研时课题组发现有的农村失独家庭在子女未出事之前邻里关系都很好，但是自从子女出事后由于邻居认为他们家不吉利等想法，从而导致邻里关系日渐恶化。其原因在于人们对于失独家庭的偏见。农村地区，在传宗接代、养儿防老、断子绝孙、前世报应等传统思想及封建迷信的影响下，农村失独家庭往往更容易形成感情断层，以及被街坊亲朋所误解与歧视，从而陷入情感不被理解更加无从依附的困境之中。有些农村失独家庭正"遭受着各方面的窘迫境遇，忍受着他们居住社区物质和文化环境不断恶化"，并且"与外部世界的社会关系出现了较大程度上的不可逆转的分裂"。❶ 实际上邻里互助是一个社区应该有的重要因素。对于农村失独父母而言，如果能够和邻居或者一起下棋喝茶的玩伴、朋友说说话、有所交流，也能缓解一些心理压抑情绪。但是调研人员发现独生子女去世事件的发生引发了多数农村失独父母自身的高度敏感性、封闭性或者招致了社会的排斥，从而使得这些脆弱的群体往往处于"人际关系贫困"的状态，呈现出了孤立于社会的境况。农村失独父母处于这种邻里无人关照的孤立情形隐含着很多危险。比如可能会出现患有宿疾的独居失独老人倒下之后无人发现，导致贻误抢救的情况。尤其那些农村独居失独老人可能会落入连像正常人一样度过余生、有尊严地过世都无法周全的境地。人际关系是社会中最重要的关系，好的人际关系能够帮助个体解除危难、更好地生活。可见，如何为农村失独父母构建起邻里之间相对充分、融洽的人际关系十分重要。

❶ Graham Rom. Social Exclusion, Solidarity and the Challenge of Globalization[J]. International Journal of Social Welfare, 1999,8(3):166-170.

第七章 应对农村失独家庭困境的应然责任主体分析

在人类社会发展过程中责任与之相生相伴，责任既是一种职责也是一种任务，只要有社会就会有责任，社会中各种关系间的相互承诺产生了责任。在社会的广大舞台之上，角色往往是与特定的社会地位相联系的行为模式和行为期待系统，每种角色往往都意味着一种责任。当我们在承担一项责任的时候，要付出一定的代价，但也意味着获得回报的权利。每个人都是生活在系统之中的，因此应对农村失独家庭困境的主体无疑是多元的，只有有效激发各主体责任、多元协力才能真正解决好这类脆弱群体面临的困境。不同的角色在应对农村失独家庭困境中均能发挥其关键的作用。

从理论上讲，我国每一位公民都分享了执行计划生育政策而带来的人口红利，所以每一个与农村失独家庭相关的角色都可以说是责任主体。从系统论的角度看，与农村失独家庭相关的责任主体主要有政府、社会、企业和家庭四类，具体而言，政府包括中央政府和地方政府；社会层面包括村委会、非政府组织、自组织、邻里、志愿者、网友、朋友、大众传媒及社会公众等；企业主要指我国国有、民营等各类企业；家庭层面包括亲戚、已逝独生子女的配偶、失独父母等。具体责任主体及相关责任见表7-1。

一、构建应对农村失独家庭困境的责任主体的理论分析

生态系统理论是由美国心理学家布朗芬布伦纳（Urie Bronfenbrenner）提出的，该理论的关注点在于人类行为与社会环境，它主要用于考察人类行为和其所处环境间的互动关系，将人类成长所依赖的社会环境（例如家庭、社区、机构、政府）看作一种社会性的生态系统，重视生态系统对理解、分析人类

表 7-1 应对农村失独家庭困境的应然责任主体及责任

主体类型	主体角色	主体责任
政府	中央政府	做好农村失独家庭的制度顶层设计、科学规划； 加大中央财政对农村失独群体社会保障的投入； 协调失独群体社会保障制度责任主体之间的关系
	地方政府	负责落实中央有关农村失独家庭的制度； 制定符合当地情况的农村失独家庭政策； 加大地方财政对农村失独群体社会保障的投入； 协调农村失独群体社会保障制度责任主体之间的关系
社会	村委会	联合政府与社会力量，形成农村失独家庭扶助体系； 负责落实中央及地方政府有关农村失独家庭的制度； 进行政策普及、舆论宣传，增加农村失独家庭的社会关注度、宽容度； 为农村失独家庭提供社会支持，缓解各方压力； 切实掌握本地区失独家庭具体情况，定期走访
	社会组织	设立关怀基金，保障失独家庭的物质生活； 因地制宜，提供个性化服务，满足农村失独家庭的多元化需求； 与政府合作，提供专业技术支持，协助相关社会政策制订； 为农村失独家庭连接资源
	自组织	抱团取暖，互相支持； 从农村失独群体自组织获取社会支持； 因地制宜，提供个性化服务，满足农村失独家庭的多元化需求； 建立新观念，构建农村失独家庭精神援助支持网络
	志愿者	负责提供法律帮助、身体检查、健康评估、精神排解等志愿服务； 普及相关法律法规及社会保障等政策； 定期走访慰问农村失独家庭
	邻里	提供社会支持，促进社会融入
	朋友、网友	提供舆论支持，扩大农村失独家庭帮扶社会关注度； 为农村失独家庭提供经济、生活照料及心理慰藉； 提供社会支持，促进社会融入
	大众传媒及社会公众	积极引导社会大众打造和谐并具有包容度的生活环境
企业	企业	履行社会责任，减轻社会经济压力； 为农村失独者提供工作岗位； 扩展养老服务产业项目
家庭	亲戚	提供社会支持，促进社会融入
	已逝独生子女配偶	赡养双方父母； 负责孩子的教养
	失独父母	相互支持、理解，避免相互指责； 负责隔代教养

行为的必要性、重要性，强调人与环境间各系统的相互作用及其对人类行为的重大影响，注重"人在情境中"，既关注个人也关注环境，协调个人与环境二者间的关系。

生态系统理论认为个人与环境是不可分离的，人与环境构成一个统一的系统，在该系统中人与环境相互影响，并形成一种互惠性关系，在为服务对象提供服务过程中，要谨记问题的产生并非单一因素，解决问题之道是多元的，应随时准备干预服务对象所在生活空间的各个层面。

生态系统理论认为"生活中的问题"是服务对象的问题来源，而"生活中的问题"关涉了个人自身所处的环境，是个人与环境间互动不协调，也就是调和度不佳导致的。吴金凤、刘忠权学者将这些"生活中的问题"细分为困难的生活转变、创伤的生活压力事件、环境的能力以及人际过程的错失功能3个部分。[1]

生态系统理论是一个相互依存的组织系统，每一系统都存在于另一系统之中，该理论认为影响人类行为的环境分为4个层面，从内到外依次是微观系统、中层系统、外层系统以及宏观系统（见图7-1）。生态系统理论认为个人与所在环境之间存在着相互依赖与双向交流，社会工作者可以通过对各层系统进行多元干预，从而增进个人适应能力或建立社会支持以达成个人与环境的调和度。[2]

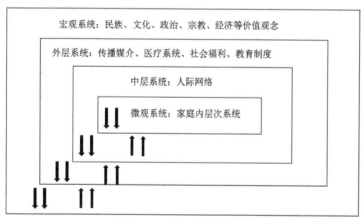

图7-1 生态系统层次图

❶ 吴金凤，刘忠权.社会工作理论内涵、实务运用的比较与反思：以心理暨社会学派、生态系统理论、增权理论为例 [J].社会工作，2018（6）：23-31.
❷ 陈梅，任多.社会工作介入失独家庭的模式探究：基于生态系统理论视角 [J].社会观察，2017（9）：177-193.

生态系统理论的实务框架可以分为初期、持续和结案三个阶段，在初期阶段可以从宏观、外层、中层、微观等多个层面评估服务对象的现实状况，为服务对象绘制家谱图或生态系统图，清晰呈现出服务对象个人与所在环境的关系，协助服务对象建立正向的社会网络。

农村失独家庭作为一个特殊群体，想要有效应对他们现在所面临的困境，不仅需要从他们自身着手，还要关注其他与失独家庭相关的环境因素。从微观层面到宏观层面，通过多元协同，为有效改善农村失独家庭现状，应对农村失独家庭困境，提出系统性策略，建设系统性工程。

图 7-2 是普遍的农村失独家庭的生态系统图，还存在一些比较特殊的失独家庭，例如失独父母上面还有父母需要赡养，伤亡孩子留下了第三代子女需要失独父母抚养。根据图 7-2 中显示的与农村失独家庭相关的系统，课题组结合生态系统理论中微观、中层、外层、宏观这 4 个层次，探讨生态系统理论视角下应对农村失独家庭的困境的责任主体及应然责任。

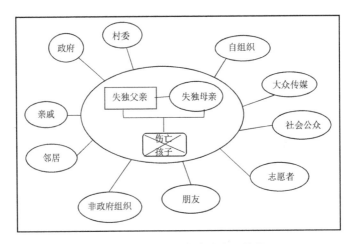

图 7-2　农村失独家庭生态系统图

二、应对农村失独家庭困境的应然责任主体

（一）政府是应对农村失独家庭困境的主导责任主体

保障农村失独家庭的基本生存条件是一个永恒的主题，是政府的基本职责。调研发现，那些农村失独现象比较多的地方往往是当初执行计划生育政

策严格的地方。由于响应国家计划生育政策，只生育一个子女，独生子女家庭降低了抗风险能力，成了风险脆弱家庭。而独生子女的去世使得农村失独父母承受了失独带来的巨大经济损失和心理痛苦的不利后果。为彰显社会主义制度的人民性，农村失独家庭理应获得国家保障。当前，我国计划生育政策实施到了新阶段，庞大的失独群体客观存在，他们积极响应国家政策，为国家人口均衡发展做出了贡献，现在面临养老困难，需要国家和社会提供相应的生活保障才能维持最低或最起码的生活。❶

查询国内外相关法律法规，我们不难发现国际上对于处于衰老、守寡、残疾、疾病、失业或在其他不可抗力处境中失去谋生能力的公民提供保障做出了规定。《世界人权宣言》关于"人人有权享受为维持他本人和家属的健康和福利所需的生活水准，包括食物、衣着、住房、医疗和必要的社会服务；在遭到失业、疾病、残疾、守寡、衰老或在其他不能控制的情况下丧失谋生能力时，有权享受保障"的规定，从国际公约层面约定了国家有保障人们生活水平的职责。而且国家公法精神要求国家对失独家庭承担保障责任，有着社会渊源和法律渊源。从社会渊源上看，生存权是一种自然权利，当公民因为某种原因无法依靠自身实现生存权时，国家就应担负起保障责任，保障公民基本权利。随着社会生产力的发展，特别是工业革命带来的从农业社会向城市、工业化的飞速转变，随之产生了众多经济上无保障的特殊群体，如果不通过国家予以确认和保护，公民个人生存权就难以实现。❷

《中华人民共和国宪法》作为公法，《中华人民共和国人口与计划生育法》《中华人民共和国老年人权益保障法》和《中华人民共和国社会保险法》作为公法性质的社会法，对于失独家庭与年老、疾病、残疾、丧失劳动力等特殊弱势群体一样，都规定了国家提供特殊帮助。国家基于公法精神，对这些需要重点提供帮助的特殊群体，从物质生活到精神心理都有给予保障的责任。❸

可以说，我国各级政府为应对农村失独家庭的困境，一直在做着相关的努力，出台了一系列的扶助政策和规定，而且取得了一定实效。但是从政府保障的整体运行情况及失独家庭上访等现象分析，目前还存在一些不足和问

❶ 胡敏洁. 社会保障政策执行程序的法律原理 [J]. 当代法学，2018（4）：3–12.
❷ 李宾华. 中国公民的物质帮助权及其保障机制探究 [J]. 行政与法，2011（5）：49–53.
❸ 郑英龙. 失独家庭特殊保障问题研究 [J]. 山东师范大学学报（人文社会科学版），2019，6（6）：111–118.

题。一是针对农村失独家庭的保障制度不完善、存在立法的滞后性，未能形成整合性的农村失独家庭保障制度。具体体现在制度落实、政策宣传、资金投入和长效机制建设等方面还不到位，扶助范围较窄，扶助对象年龄设置较高，扶助标准偏低，扶助形式单一，立法层次较低，强制执行力较低，扶助政策不够透明、不够细化，补助随意性大，地方政府责任不够明确等方面。二是部分地方政府官员不作为，对于失独家庭群体持有一种不惹不碰的态度。课题组成员试图在某省份开展调研活动，因此与当地计生部门领导联系，但是得到的回复总是不方便开展，他们的理由是怕调研人员与失独家庭人员接触引起失独家庭人员对社会的不满，正是这些官员出于维稳的目的，保密着所在区域的失独人数，压制着这一群体的表达需求。事实上这种做法非但解决不了问题，有时还会导致更多的问题。而且这一情形也反映出这些地方官员对于农村失独群体的责任意识缺位。相反，课题组在四川及重庆开展调研时，仁寿县、丰都县的人大、卫健委、乡镇、村委的领导则给予了很多帮助，甚至他们派当地人员为课题组做翻译，协助课题组调研。正是当地官员负责任的态度和做法，使得农村失独家庭得到了各种关爱，调研人员在与农村失独家庭成员访谈时总能感觉到他们对于党和政府关爱的感激之情。可见，为了弱势群体的福利，政府可以建立与社会其他主体的良性互动关系，一起健全社会治理、推动社会和谐发展。

（二）社会多元力量在应对农村失独家庭困境中是中坚责任主体

政府之外就是社会这一责任主体了。为了归类的便利，在本课题组中，我们把村委会、非政府组织、自组织、邻里、志愿者、网友、朋友、社会公众均包括在社会这一层级。

村民委员会：自党的十一届三中全会以来，随着农村经济体制改革应运而生了一个新型的、基层群众性自治组织——村民委员会。村民委员会的产生标志着我国农村基层民主政治建设进入了一个重大的新阶段。村民委员会是广大农民群众进行自我教育、自我管理和自我服务的基层组织，是党和政府联系广大农民群众的重要桥梁和纽带，承担着落实党在农村的各项方针政策、反映农民群众的意见与要求、组织管理农民群众生产生活等方面的重要职责。村民委员会应对农村失独家庭困境的应然责任在于落实政府对于农村失独家庭的帮扶政策；联合政府与社会力量形成农村失独家庭扶助体系；负责落实中央及地方政府有关农村失独家庭的制度；进行政策普及以及舆论宣传，增加农村失独家庭的社会关注度、宽容度，为农村失独家庭提供社会支持，缓解各方压力；切实掌握本地区失独家庭具体情况，定期走访；为失独家庭确定监护人，切实起到对失独家庭的关注、关心、关爱。

非政府组织：随着我国社会的不断转型，困难群体、弱势群体逐渐凸显，对资源进行公平分配的需求也会日益加强。而政府掌握的资源是有限的，此外，在政治文明不断发展的步伐下，政府承担的角色与功能也愈见明确和限定，因而只能寻找社会领域中合理的且志愿配置的资源，此时社会组织正好迎合了这一需求。作为企业、政府之外的第三种社会基本组织，非政府组织有着高超的组织智慧、便捷的运作功能。它经常和志愿、公益、奉献等美好的词汇联系在一起。在我国，民生问题一直受到党和政府的高度关注。而中国的非政府组织作为一支重要力量有责任发挥他们对于农村失独群体的服务优势，助力该群体发展的功能。

农村失独家庭成员处于社会系统的最底层，而作为群体，农村失独群体是最需要他人帮助、支持和救助的群体，他们有心理上的高度敏感性、有较强的相对剥夺感。对于这一群体，非政府组织可以运用自身的民众基础、专业知识和沟通渠道，发挥其助人的优势，承担起关注农村失独家庭这一脆弱群体的责任，实现对农村失独家庭的关心、支持和增权。首先，非政府组织，特别是社会工作服务机构，可以发挥其民间性、志愿性、公益性为农村失独家庭成员提供各项服务。非政府组织可以调动自身员工或者志愿者开展针对农村失独家庭的服务工作，平等地对待这些农村失独个体，深入他们中间，倾听他们的心声。比如提供法律援助、身体检查、健康评估、精神排解等志愿服务；普及相关法律法规及社会保障等政策；定期走访慰问农村失独家庭。通过开展实务性服务提高他们的自尊意识和自立自强的精神，改善他们的不良处境。其次，非政府组织可以通过链接资源为农村失独家庭成员增权赋能。比如非政府组织可以通过为有意愿或者评估认为能够参加就业者提供培训，将有用的信息和技术传授给他们，激发他们的自助潜能。最后，非政府组织还可以作为中介动员企业、医院、学校开展慈善、医疗、教育等对接活动。

这样非政府组织就能够与企业、学校（特别是开设有社会工作专业的高校）形成合力共同为农村失独家庭提供服务。比如，课题组在调研中发现农村失独家庭不仅存在着为失独父母提供生活照料、经济支持和精神慰藉的需求，还存在着为失独第三代（孙辈）提供经济支持、关爱和培育的需求。因此，非政府组织可以整合教育部门、社会企业等合力来满足这些需求，从而达到满足农村失独家庭的养老需求及教育需求，避免出现弱势的代际传递。

自组织：自组织是农村失独家庭在自愿原则指导下主动结合起来，成员间是认同性、情感性的关系，他们有集体行动的需要，会为了管理集体行动而自我制定规则、自我管理。❶目前在我国广大的农村地区，失独家庭自组织的组建方式有线上和线下两种形式。由于我国互联网技术的普及，在农村地区的失独家庭成员可以通过"互联网+"技术建立失独家庭线上线下OTO（Online to Offline）自组织，往往会有QQ群、微信群等；而线下自组织则是在同一县、市级范围内成立的农村失独家庭自组织。失独家庭自组织由失独父母自发成立，是抱团疗伤的一种方式，在这一团体中由于个体有着相似的经历，存在较强的同质性，因此在农村失独家庭的自组织中失独父母通过组织内用生命关怀生命、传达正向支持、分享最新的心灵历程，以此寻找归属感、获得人生的新体验。❷换句话说，农村失独群体自组织是失独父母一种自发的、自助助人的行为，更是他们重新融入社会的一次尝试。在健康与社会福利领域，自助团体具有"问题的共同性、成员作为同辈彼此关联、成员扮演助人者与受助者双重角色、团体运作低度官僚化与高度自治性"等关键特征（Levy, L. H., 2000）。由于独生子女的去世对于农村失独家庭带来了重大的变故，在这些家庭中不仅家庭关系（夫妻关系）可能发生重大变化，失独父母的社会关系也会出现重大变迁，失独父母个体与亲属、虚拟亲属的关系逐渐疏远，与非亲属、他组织的关系可能出现断裂，但却与失独父母自组织建立起异常亲密的关系，甚至超越了与亲属的亲密程度（张必春、许宝君，2015）。❸在这种线上、线下的互动过程中，农村失独父母间的社会交往是互相认同的，较少

❶ 李强，等.协商自治·社区治理——学者参与社区实验的案例[M].北京：社会科学文献出版社，2017.
❷ 赵仲杰，张道林.人本主义视角下农村失独家庭的社会工作介入探究[J].前沿，2019（3）：58-64.
❸ 张必春，许宝君.失独父母社会关系变迁的"差序格局"解读—基于社会身份视角的探讨[J].四川师范大学学报（社会科学版），2015（5）：67-74.

出现自我歧视、社会歧视等现象,可以有效地预防和控制发生危机事件。因此,失独家庭自组织责任、目标定位是"抱团取暖、互相支持"而非"抱团闹事"。作为失独群体也应该理解政府的努力和关心,对于一些政策、制度方面暂时的不足应该给予政府一定时间的缓冲。

大众传媒及社会公众:大众传媒是指以报刊、图书、电影、电视、广播和互联网等作为主要载体,面向大众传播信息的各类平台。因为传媒的迅捷性,信息传播速度快、影响范围广,能够将有关社会变革、社会事件等丰富的信息迅速传递给社会大众,因此大众传媒往往会引导着民众的价值判断和对事件及群体的认知态度。信息化的社会给予了大众传媒前所未有的发展空间与舞台,大众传媒需要通过电视新闻、报刊等多种途径积极宣传与引导,承担起媒体应有的责任。大众传媒对于农村失独家庭及其群体的报道也直接影响着政府及社会大众的决策和认知。失独事件对于农村失独父母是致命的打击,从中可以看到生命之脆弱、家庭之脆弱,无不让人为之感慨、为之痛惜。然而,社会对这一失独群体似乎并不是那么正面与友善,有的新闻媒体在对失独家庭的报道中单向地偏重失独家庭的苦难,部分建构出了一个"无解""苦难化""特殊化"的独生子女死亡家庭的媒介形象(慈勤英、周冬霞,2015)。❶因此,我们大众传媒有责任在报道农村失独家庭时做出一些引导性的报道,要敢于批评那些对农村失独的"道德谴责"或是善恶轮回类的"因果报应"说,以及对"无子女者"特别是失去子女者"无后"等标签"污名化"。同样地,作为社会公众,对于农村失独家庭的困境需要给予同情和支持,需要为农村失独家庭形成和谐、包容的生活环境努力。

朋友及邻里:社会网络是指个人之间的社会关系、人际关系网络,在人们的日常生活中发挥着重要的"潜在和内显"的作用。生活在一定社会环境中的个体总要和周围的人发生各种各样的交流和联系,形成各种各样的社会、人际关系。作为社会人,人际关系是生活的基础。作为生活在农村的失独家庭成员,能够拥有较好的朋友、邻里关系,对于他们走出困境至关重要。由于邻里、朋友间存在着长期相识、相知以及认同感、归属感的密切关系,使

---

❶ 慈勤英,周冬霞.失独家庭政策"去特殊化"探讨——基于媒介失独家庭社会形象建构的反思 [J]. 中国人口科学,2015(2):34-42,126-127.

得邻里自然而然地成为互相倾诉与求助的理想对象。俗话说"千金置产，万金置邻""远亲不如近邻，近邻不如对门""多个朋友多条路，多个冤家多堵墙"。和睦亲密的朋友、邻里既能在生活上互相照应，也可以互相传达情感上的慰藉和给予安全上的保障。对于处于困境中的农村失独家庭而言，朋友和邻里的关心、照顾更是必不可少的。而作为农村失独家庭成员的朋友或邻里，在失独家庭遇到悲惨遭遇时更有责任从物质和精神方面帮助他们走出困境。

（三）企业在应对农村失独家庭困境中应该是经济支持责任主体

企业作为经济社会发展的一分子，既要负责营利，也要对社会环境负责，更应该勇于承担一定的社会责任。虽然企业的主要目的是获取利润，但是尽到社会责任也是他们义不容辞的一个方面。对于农村失独家庭而言，企业应该发挥各自优势为这些群体服务。比如保险企业可以开发专为农村失独家庭设置的保险产品，为失独老人缴纳医疗保险；比如可以为农村失独父母提供合适的就业岗位；比如履行社会责任，减轻社会经济压力，扩展养老服务产业项目。企业可以针对农村失独家庭孙辈进行帮扶，比如帮助适龄孙辈就学、给予学龄阶段的孙辈群体学费补贴，让他们有机会完成学业。当然这些责任固然需要政府去努力，但也需要企业为国分忧，参与对于农村失独群体的扶贫济困。企业的责任一方面需要企业的自主能动性的发挥，另一方面也需要政府从税收政策和舆论宣传方面进行引导。

（四）家庭在应对农村失独家庭困境中是不可替代的基础责任主体

家庭是人们社会生活的基本单位。家庭是人类生活中最不可或缺的共同体，这一共同体的基本特点是成员间保持着最为重要、最为亲密、对个体影响最为巨大的关系，承担着爱情与性、生育和生产生活等多种重要功能。家庭应该是身心得到放松、创伤得到疗愈的港湾，是人们在情感上相互支持的地方。在农村独生子女去世后，家庭成员可能剩下了失独父母、已逝独生子女的配偶、已逝独生子女的子女，有的会有已逝独生子女的祖辈。这些家庭成员能否从极其悲惨的困境中走出，他们之间是否互相关爱、善于担责及自我调适起着决定性的作用。

作为应对农村失独家庭困境的基础责任主体，失独父母的相互关心、照顾的责任是首位的。在社会支持中，来自家庭的支持是影响范围最广、持续时间最长的，因此失独父母之间的互相支持、互相关爱对于逐渐走出阴影是很有帮助的。独生子女死亡后，家庭关系中的亲子关系消失，只剩下夫妻关系，研究发现一些失独父母的夫妻关系出现形式化、空心化与躯壳化的趋势，夫妻关系可能随着独生子女的过世而名存实亡（张必春、刘敏华，2014）❶此时，尽管有其他的初级社会团体或组织成为治疗人的身心问题的环节，但个人对家庭所担负的心理支持、情感慰藉功能的需要变得比以往更为迫切。❷对于失独父母任何一方而言，配偶是其生存资料的主要提供者，更是他们失去生活自理能力后的主要照顾者。配偶互相照顾是一种道德责任，家庭成员应当在脆弱时相互照顾。而由于男女性别的差异，失独母亲由于在抚养独生子女的过程中投入的情感往往要多于男性，因此在子女死亡后，母亲的情绪往往更需要及时得到抚慰，此时作为丈夫就应该和配偶一起面对现状，而不是相互指责。只有夫妻同心，在坎坷的路上能够扶掖而行、互慰互勉，才能共渡难关，走出困境。课题组在调研中发现有的农村夫妻在独生子女出事后互相指责，结果导致解除婚姻关系，家庭解体。"夫妻本是同林鸟，大难临头各自飞"是他们的真实写照。这种情形只会使得失独家庭更加脆弱，失独父母走上绝境。夫妻之间的关爱是一个婚姻共同体的必要职责，是应有的责任，而且这一责任是维系家庭生存与发展的基础性责任。因此，失独父母应该相互携手、互相鼓励、互相照顾，唯如此，才能逐渐直面人生，直面困境，应对困境。

而有的农村失独家庭，在独生子女离世后除了有独生子女父母外还有已逝独生子女的配偶，甚至有已逝独生子女的祖辈。在这类家庭中，已逝独生子女的配偶出于责任没有改嫁或者入赘后没有离开，他们主动承担了照顾失独父母甚至祖辈的重担。课题组在四川仁寿县调研时就遇到一些这样的家庭。其中有一家独生子由于自己驾驶货车出了车祸身亡，留有妻子和两个孩子，其父病逝，母亲健在，年龄75岁。出于作为母亲、儿媳的责任，该已逝独生子的妻子自愿承担起了照顾婆婆和两个孩子的重任。正是由于家庭成员的互相携手，这类濒临解体的家庭才得以延续，这类家庭的孙辈才得以健康成长。

---

❶ 张必春，刘敏华.绝望与挣扎：失独父母夫妻关系的演变及其干预路径——独生子女死亡对夫妻关系影响的案例分析 [J]. 社会科学研究，2014（4）：104-111.

❷ 邓伟志，徐榕.家庭社会学 [M]. 北京：中国社会科学出版社，2001：76.

（五）亲属、家族成员是应对农村失独家庭困境的责任主体

家庭网络是指一个家庭以自身地位为中心，通过姻缘关系和血缘关系，以亲属关系为基础构成的一个相对稳定却比较复杂的关系网络。家庭网络具有情感交流的功能、生活互助的功能、经济合作的功能。亲属关系主要是除了父母、夫妻、子女之外的亲戚之间的关系，主要包括血亲和姻亲两类。从亲属的数量看，在中国的家族共同体中，其亲属关系有这样几层：首先是有直接血缘关系的兄弟姐妹；其次，中国传统家庭则把除直接血缘关系的兄弟姐妹排除之后的亲属关系分为三类——宗亲、外亲和妻亲，又称父党、母党和妻党，这三类亲属的范围和亲属程度都不相同。❶但是，目前按照中国人的习惯，其亲属范围是以自己为中心，上下各推二世（直系推三世）；按照婚姻和继承的相关法律规定，亲属范围还要狭窄得多，仅包括直系血亲和三代以内的旁系血亲。❷可见，现在亲属的数量远没有传统时代那么多了，随着社会急剧变迁，原本相对稳固的关系网络也明显地收缩。从亲属之间的情感方面看，传统的亲属关系的远近亲疏是固定的，亲属网络是最重要的，是"差序格局"式的。随着农村由封闭走向开放，很多血缘、姻缘意义上的亲戚来往变得相对减少，情感日渐疏远。但是，当农村失独家庭陷入悲惨的困境时，患难见真情，亲属（亲戚）的帮扶就会走到台前。课题组调研数据显示，近一半的农村失独家庭在遇到困境时得到过亲属（亲戚）的经济援助或心理安慰。当然，也有一些失独父母表示有的亲戚怕沾染上这样的家庭会招惹到不必要的麻烦，因此在他们家出事之后就来往少了。可见，如何进一步促进农村失独家庭与亲属之间的交往、互助也是我们社会应该关注的话题。

目前，我国学界关于失独家庭的研究已近二十年。在政府、媒体、学界、社会等主体不遗余力的推动下，政策保障日渐踏实，失独家庭的生活质量逐步提高。从曾经严厉执行计划生育政策的"五子登科"（拿谷子、赶猪子、扒房子、拷铐子、坐牢子）到如今重庆丰都县的计划生育特殊家庭"十个一"政策，可以看出我们政府已经深刻意识到并积极应对计划生育政策的影响。然而，实然与应然仍然存在距离，日渐严峻的失独家庭增量仍在时刻提醒我

---

❶ 张怀承. 中国的家庭与伦理 [M]. 北京：中国人民大学出版社，1993：260.

❷ 张怀承. 中国的家庭与伦理 [M]. 北京：中国人民大学出版社，1993：267.

们扶助政策不能松劲、责任主体必须担当、专业服务必须跟上。逐步引导、吸纳相关企业、社会组织、专业人才参与到失独家庭的服务中是切实发挥社会多元力量、完善农村失独家庭社会支持体系的重要方法。

随着社会各界的高度重视，我们相信在不久的未来，在多方主体的共同努力下，应然定会成为实然，失独家庭的社会支持体系能够构建得更加完善。未来正式的、非正式的支持网络将越织越密，越织越实，把失独老人包裹在温暖之中，真正提高农村失独老人的生活和生命质量。

第八章　整合制度、多元协力：
求解农村失独家庭难题

　　人类发展至今，特别是进入文明社会以来，其行为受到不同类型制度的约束和引导。可以说制度是对人及其群体行为进行限制、规范、引导的一种规则。正如诺斯所言：制度是一系列被制定出来的规则、守法程序和行为的道德伦理规范，它旨在约束追求主体福利或效用最大化的个人行为。当社会的某一特定群体不断增多时，政府就应该制定相关的制度以满足这一群体的需求。目前，我国针对人口的制度多是政策性人口制度，政府往往根据所面临的人口形势，特别是人口问题，制定应对之策、解决之道，颁布地方执行，作用于民众。针对我国特有的计生特殊人群，我国政府制定了相关的政策并以文件等多种形式下发至地方；各级地方政府的主要责任则是切实落实中央文件的相关要求及精神，同时结合地方实际情况制定符合地方实际需求的政策。但是，任何制度都可能产生相对应的制度风险，失独家庭的出现是社会制度建构的结果，是相关制度引发的制度风险，需要国家积极应对，通过制度建设消解风险，规避风险。❶同时，每个人都是生活在特定的系统中的个体，因此，处于社会系统中的农村失独家庭的成员需要多元协力帮助他们走出困境。

一、整合农村失独家庭社会保障制度体系，以制度优势化解农村失独家庭的难题

　　制度是调节社会关系和组织人们共同生活的一种手段，制度认同可以使

❶　王文娟，张世青. 论失独家庭适当生活水准权实现的国家责任 [J]. 理论界，2015（7）:68-73.

人们通过某种方式组织起来，以实现共同的或是有差异的目标。这也是为什么人类社会要制定一系列制度的原因。[1]但是，一个社会针对特定问题或群体的制度有的是离散的，有的是成体系的，即有整合的制度和聚合的制度之分。所谓整合的制度是指各种制度有机地联系在一起，与之相反，聚合的制度则是各种制度比较散乱，而不是有机地集合在一起。显然，整合的制度在有效的功能发挥上比聚合的制度更具优势。[2]整合的制度也即我们通常所认为的良好制度体系，运行于其中的各种制度按照应有之逻辑保持着相互连接、发挥作用。而聚合的制度基本上是相互分割、各行其是，甚至是互相冲突的，这种制度集合不可能有效发挥各种制度的积极功能。[3]对于农村失独父母而言，他们只有借助制度化的措施才会享有基本的生存保障。如果没有完备的整合性制度，则由于制度的断裂，在某些环节难以满足农村失独父母的需求，从而可能引发老年人对晚年生活无法保障的不安情绪。因此，为了实现对农村失独家庭的全方位保障，需要整合性的社会保障制度体系。

对于如何构建互不重叠、相互支持的农村失独家庭社会保障制度体系这一问题，课题组在调研过程中发现，重庆丰都县卫健委针对失独家庭制定了"十个一"帮扶工程，该工程涉及生活的方方面面，囊括了政策宣传、基础档案、临时救助、维权服务、养老照料、安康保障、精神慰藉、生日祝福、拜年慰问、临终关怀10个方面。

（1）一年一次集中政策宣传。每年12月组织开展专项宣传活动，提高计划生育特殊家庭对计生政策、帮扶政策的知晓率，推动形成全社会共同关心帮助计划生育特殊家庭的良好氛围。

（2）一人一份基础档案。依托县卫健委人口信息二级平台，建立计划生育特殊家庭信息库，按照实际需求，分户制定电子扶助方案，全程掌握扶助情况，落实常态化、规范化、动态化管理，确保信息录入率、准确率、扶助率均达100%。

（3）一家一份临时救助。全县计划生育特殊家庭突发重大困难的，可向

❶ 王思斌.整合制度体系保障人民可持续的获得感[J].行政管理改革，2018（3）：28-33.
❷ 詹姆斯·G.马奇，约翰·P.奥尔森.重新发现制度[M].北京：生活·读书·新知三联书店，2011.
❸ 王思斌.整合制度体系保障人民可持续的获得感[J].行政管理改革，2018（3）：28-33.

县计生协申请不超过 5000 元的临时救助金。育龄期失独家庭完成试管婴儿手术的，每户补助 1 万元。

（4）一户一份维权服务。全县聘请法律顾问和心理咨询师，"点对点"实施法律、精神援助。县乡两级计生协要加强与相关部门的工作衔接，确保优先将计划生育特殊家庭纳入五保、低保、民政临时救助、特殊困难救助、大病救助、医保"二次报销"等范围，优先帮扶就业创业，优先供给残疾人辅助器械。

（5）一人一份养老照料。对年龄达到 60 周岁及以上的居家养老特定扶助失独对象，通过"双方自愿结对、政府购买服务"的途径，以家庭为单位结对子产生一名生产、生活帮扶人，并保证常年开展"一对一"的帮扶措施。此项工作由乡镇（街道）计生协组织实施，生产生活帮扶人完成帮扶任务且得到受助者认可后，由县计生协按每户每年 1200 元的标准支付误工补助。对失去生活自理能力的特扶失独对象，再给予生产生活帮扶每人每月 200 元补助，用于日常护理照料。对入住乡镇（街道）敬老院的计生特扶失独失能人员，县计生协按每人每月 300 元的标准购买护理服务。全县在公办或民营养老机构设立计划生育特殊家庭养老服务中心，为部分特别困难的计生特扶失独失能对象免费提供"医养扶一体化"养老服务。

（6）一人一份安康保障。县计生协每年为计划生育特扶对象购买一份意外伤害（或住院护理）保险，增强风险抵御能力。督促其下辖的各乡镇（中心）卫生院和街道社区卫生服务中心畅通计划生育特殊家庭"就医绿色通道"，签约"家庭医生"提供医护服务，每两个季度对辖区内所有计划生育特殊家庭免费进行一次常规性体检，并且建立个体健康档案，为做好家庭保健工作奠定基础。

（7）一月一次精神慰藉。各乡镇（街道）计生协、计生办安排专人，每月电话联系扶助对象，听取诉求，了解帮扶工作落实情况，协调解决生产、生活中的困难问题。

（8）一年一次生日祝福。在城乡计生特扶对象生日期间，乡镇（街道）计生协送上一份生日礼物，按每人 200 元的标准执行。任务较重的单位由县计生协酌情补助经费。

（9）一年一次拜年慰问。各乡镇（街道）开展计生"三结合"过程中，落实人员优先帮扶计划生育特殊家庭，在端午、中秋、春节等重大节假日组织相关扶助单位进行上门慰问和陪伴交流等活动。春节慰问金标准按 300 元每户执行。

（10）一生一次临终关怀。各乡镇（街道）计生协和计生办安排村（居）支两委、驻村干部，以及计生协会员，切实做好计划生育特殊家庭安享送终等相关事宜。对出现计生死亡的家庭，发放临终关怀抚恤金按每人 3000 元的标准执行，资金在县生育关怀基金中列为支出条目。

从上述"十个一"帮扶工程可以看出丰都县的政策细致、责任到位。虽然尚有需要补充、具体化的地方，比如对于失独家庭孙辈的关怀问题、失独家庭成员的就业帮扶问题等，但是从全国范围看，丰都县的帮扶制度的确走在了全国的前列。正因为如此，调研组在对农村失独父母进行访谈时，农村失独父母表示对于政府的关爱十分满意。正是由于丰都县不断完善制度、整合制度才有了农村失独家庭的高度评价。习近平总书记在党的十九大报告中指出，"提高保障和改善民生水平，加强和创新社会治理"要"坚守底线、突出重点、完善制度、引导预期"。❶ 由于每一位农村失独家庭的成员和其他民众一样都有生命周期，都会在特定的时期有特定的需求，因此，暂时性政策不可能实现满足他们的需求，必须系统地考虑农村失独家庭特殊性的政策和制度体系来保障。这样的农村失独家庭的社会保障政策和制度不应该是碎片化、不衔接的，而应该具有无空隙、无漏洞、无重叠的特点，真正反映农村失独群体的生存需要和发展需要，尽可能地满足其合理需要、应对困境，切实地改善他们的生活，真正彰显社会发展的成果惠及广大群众特别是弱势群体的制度承诺。

针对农村失独家庭的社会保障制度应该是一系列成熟、稳定、规范化的政策，这一制度体系需要针对农村失独家庭的生命轨迹及需求来配套。由于农村失独家庭的类型多样，因此在设置相关制度时需要尽可能将各种情形均考虑进去，不仅应包括最重要的养老保障制度、老年医疗保障制度，而且也

---

❶ 习近平.决胜全面建成小康社会夺取新时代中国特色社会主义伟大胜利——在中国共产党第十九次全国代表大会上的报告 [M].北京：人民出版社，2017.

应该涉及教育、文化、就业、住房等诸多领域。

（一）设置再生育、收养帮扶制度，社会抚养兜底失独再生育家庭

对于农村计划再生育或收养子女的失独家庭，政府应该为其提供再生育服务、经济扶助服务、精神关怀服务、医疗检查服务等，并依据这类家庭的特定需求设置相关制度。失独家庭选择再生育既满足了自身的精神寄托、包含了强烈的补偿心理，还隐含着自我拯救的冀望。对于失独家庭而言，"失而复得"的天伦之乐不失为自我疗伤的一种有效办法，对于年龄较轻的失独父母，政府应该给予其再生育经济补贴、医疗帮扶等鼓励其再生育，但是失独母亲年龄超过45周岁将会面临生育能力、抚育能力的双重高风险性，要求国家在制度层面进行保驾护航。若农村失独父母选择不再生育，而有收养子女的意愿，政府应积极落实收养帮扶政策。总而言之，对失独家庭再生育或收养子女的，建议推行社会化抚育计划，保证失独家庭在体力上、精力上和经济等方面的基本水平，保障其生存权利、生育福祉不受到二次伤害。

（二）完善和设置针对农村永久性失独家庭的养老、医疗、社会服务、教育、文化、就业、住房、丧葬等配套制度

1.完善计划生育失独父母经济扶助制度

一是调整现有计划生育扶助金年龄限制门槛，建议将49岁调整为40岁，以便保障更多的失独父母的生活；二是调整现有计划生育特别扶助金金额。为了体现公平性，卫生健康委可以设置一个全国性的最低要求金额，然后要求各省市按照当地人均可支配收入建立特别扶助金动态增长机制。同时还应坚持包括资格确认、资金发放、资金管理以及社会监督等分设职责原则，以确保每个符合资格审核条件的扶助对象都能够及时地、足额地领取特扶金，同时还应审慎处理失独者对福利政策的过度依赖；三是给予参保缴费补贴，对参加农村社会养老保险的人员，其个人缴费将按照最低档次的缴费标准由政府进行全额补贴；四是把"农村失独老人"视作特殊老年群体给予重点关爱，将"农村失独老人"纳入民政系统对特殊老人的养老服务补贴体系中，享受相关的养老服务和补贴，如居家养老补贴、重点空巢独居老人关爱、助餐服务补贴、居家养老信息服务、机构养老补贴等。通过一系列措施建立具有长效性的制度框架，制定具有针对性的政策措施，以期为失独群体创造一个共

享发展成果的环境，最终达到社会和谐，实现公平正义。（参见表 8-1 农村失独家庭类型与相应制度设置）

表 8-1　农村失独家庭类型与相应制度设置

失独类型	家庭结构及任务变迁	主要所需服务	制度设置
暂时性失独	再生育	再生育服务；经济扶助服务；精神关怀服务；医疗检查服务	生育补助制度
	收养子女	收养服务；养老、医疗服务；经济扶助服务；精神关怀服务；政策宣讲服务	收养制度
永久性失独	养育第三代	养育服务；养老、医疗服务；经济扶助服务；精神关怀服务；教育知识服务	经济扶助制度、计划生育特别扶助金制度、失独家庭第三代帮扶制度；城乡居民社会养老保险制度、最低生活保障制度、新型农村合作医疗制度、农村老人医养结合制度、中医医疗康复制度、住房及修缮制度、就业帮扶制度、入住养老院制度、护理制度、农村老人定期探访制度、社会救助制度、社会服务制度、服务监管制度、监护人制度、殡葬制度
	失独父母离异	养老、医疗服务；经济扶助服务；精神关怀服务；法律援助服务；	
	失独父母一方死亡	养老、医疗服务；经济扶助服务；精神关怀服务；丧葬服务；	
	失独父母夫妻终老	养老、医疗服务；经济扶助服务；精神关怀服务；丧葬服务	

2. 健全农村失独家庭老人医疗保障制度

健全农村失独家庭医疗保障制度主要包括四个方面内容：首先，对于未开通农村失独人员医疗绿色通道的地区应逐步建立并完善医疗绿色通道，在新农合及城乡居民医疗保险体系中将农村失独人员确定为特别扶助对象，从而方便相关的定点医疗机构为其提供包括优先挂号、优先就诊、优先检查、优先取药以及优先住院等服务。其次，在医院导医台设立显著标志，对行动不便、年龄较大的农村失独患者提供志愿者陪同就诊服务。再次，进一步组织落实包括县级、乡级和村级三级的家庭医生定点签约服务，切实为农村失独家庭提供包括健康咨询、健康建档、预约上门、健康体检、用药指导、医疗救助等服务，并向年满 60 周岁及以上、行动不便的农村失独人员提供定期的上门巡诊服务。最后，由政府出资为农村失独老人购买长期护理保险、补充医疗保险、女性安康保险、住院护工服务保险等商业保险。

3.建立并完善农村失独老人社会帮扶制度

农村失独老人社会帮扶制度包括四个方面内容：第一，建立联系人制度、监护人制度，动员农村失独老人与村干部、志愿者组成"1+2"志愿帮扶小组，小组成员定期开展上门走访，及时沟通失独者生活情况，了解其实际需求，主动提供符合其需求的服务帮助。第二，开展精神慰藉，发挥社会公益组织、志愿者作用，通过精神慰藉、心理疏导等人文关怀活动，对重点对象连接有资质的、专业的机构进行心理干预服务或治疗服务。第三，政府购买社会服务，加强政府购买社会服务力度，设立更多专门服务失独老人的公益创投项目，孵化农村社会工作组织以提供专业服务，如日常家政服务和居家养老信息服务等。第四，鼓励社会资本参与帮扶，社会资本的进入包括鼓励有能力的企业开发针对农村失独老人提供服务的优质品牌服务项目，促进优质企业认领符合自身能力的、符合农村失独老人需求的专业服务。

4.探索农村失独家庭法律保障制度

一是为农村失独家庭开展维权服务。农村独生子女在伤残或死亡后，很多家庭都面临追偿的问题。现实却是独生子女父母由于在精神上遭受重创，往往无暇考虑索赔事宜，有的还因为不懂相关法律政策导致其合法权益受到损害。课题组在调研中发现，不乏有农村独生子女死亡后其家庭并没有得到应得的赔偿，这也直接导致了他们的利益受到侵害。独生子女出现伤残或死亡的家庭本质上是弱势群体，政府应逐步建立、健全无偿性法律援助机制，协助独生子女家庭在经历子女伤残或死亡后进行索赔事宜，或由政府相关部门出面协调，监督侵权人依法承担相应赔偿等责任。二是优先推行生前预嘱。生前预嘱是一种生命个体在保持健康意识且清醒状态下签署，申明在无法治愈的伤病诊断期并且表达能力丧失的情况下，使用或者不使用某些医疗处理措施的书面文件。农村失独群体在就医以及入住养老院过程中往往会面临无监护人签字的窘境，而在无法治愈的伤病诊断期间更需要一份遵从他们自身意愿的生前预嘱以法律形式进行自我保护，故建议在农村失独群体中有针对性地推动生前预嘱制度的建立。在生前预嘱制度的环节中，首先要成立一个生前预嘱注册中心，积极倡导农村失独家庭群体自愿签署"生前预嘱"，以"舒缓医疗"方式为主，尽最大可能地保证农村失独群体在有尊严的状态下离世。

5. 建立和完善帮助农村失独家庭恢复生产、工作的制度

课题组在益阳市、丰都县、仁寿县调研时均发现有些农村失独父母有走出阴霾、自立工作的渴望。但是，由于子女的去世使得失独父母中断了以往的工作或者缺乏再工作的信心。因此，政府可以为农村失独父母搭建就业平台，为他们开展职业培训，通过提高能力实现就业。如果农村失独父母能够重新走进社会，参加工作，不仅可以大大地增加他们的经济收入，还可以帮助他们以更宽广的心态认知独生子女伤残或者死亡的事实，从而及时地调整自己封闭的内心，更加从容地去规划人生道路，以适应社会变迁。

6. 建立和完善农村失独家庭第三代抚育制度

课题组在调研过程中发现农村失独家庭有孙辈的案例占到半数以上。独生子女的去世会对父母、配偶及其子女造成巨大的影响。首先，就失独老人而言，在情感上孙辈是失独老人对离世子女的精神寄托；而在抚养责任上，若由老人抚养孙辈，会给失独老人的养老带来一定的经济和精力负担。在与有孙辈的失独老人实际接触中，课题组发现凡由老人承担孙辈教养责任的失独家庭多存在经济、孙辈教育等方面的困难。其次，就过世的独生子女而言，他们过世后，家庭的经济重担将落到其配偶身上，这或将导致配偶忙于生计无暇顾及孩子的教育及生活。若过世独生子女的配偶选择重组家庭，那么其子女在新家庭中将会得到何等的对待也充满变数。最后，就孙辈而言，父/母去世导致他们要面临孤独成长、缺乏关爱、父/母爱缺位、自卑敏感、隔代养育质量难以保证等问题，这对于孩子健康人格的形成、心理的健康成长、人际交往和学习能力的提升等都会有一定的负面作用。鉴于此，政府部门应该设置农村失独家庭第三代的抚育制度，尤其是各地教委要协同卫健委、民政部门等机构设置关爱农村失独家庭第三代的相关制度，确保这类家庭的孩子能够健康成长。

7. 建立和完善对农村失独家庭的生活、养老困难帮扶及丧葬服务制度

农村独生子女死亡给其家庭带来的一个迫切问题就是劳动力的短缺，尤其是当失独父母年龄逐渐增大后，他们在日常生活中会面临更多困难。政府可以建立互助机制、专门组织帮助机制、志愿者服务机制等，当失独家庭出现日常生活困难、住房困难、生病无人陪护、死后无人办理后事等情况时，及时

帮助他们渡过困境。以生病住院为例，应当给予其优先护理照顾；针对失独患者经济困难则应给予一定程度的护理费减免；针对生活自理有障碍者，像半自理者、无法自理者，农村失独家庭所入住的养老院费用应给予减免等照顾。同时，对于农村失独老人死后无人为其办理后事的问题，政府应该设置农村失独家庭丧葬服务制度，确保其有尊严地离开人世。

二、多元协力构建社会支持网络，以优质服务化解农村失独家庭的难题

社会是由众多不同的个人、群体、集团所结合而成的共同体，这些群体和个人有着各自的利益、目标、价值观念和行为方式，社会要存在和发展，必须把构成社会的不同群体和个人团结起来，结合为一个有机整体。[1]因此，关注农村失独者，帮助他们走出困境、改善生活、融入社会是我们实现社会整合、走向社会一体化的必然要求。失独不仅仅是失独者个人和家庭的事情，帮助他们走出困境是整个社会不可推卸的责任。同时，解决失独家庭的问题也绝不仅仅是某一个人、单位、组织单方面的事情，而是需要各个系统相互配合，共同努力，促成失独家庭处境的改变。

根据本次调研结果以及过往研究发现的失独家庭的诸多问题，基于社会支持理论，课题组尝试从个人与家庭、社区、社会三个层面提出失独家庭社会支持体系、解决问题的策略。

（一）个人与家庭层面的支持

1. 哀伤辅导、度过危机

失独作为一个直接的危机事件对家庭的冲击是巨大的，失独父母难免陷入哀伤。哀伤可以分为正常哀伤反应和延长哀伤障碍。学者崔芳芳、李秋芳、赵毛妮指出，哀伤反应是一种正常现象，哀伤会随着时间流逝而逐渐减弱。延长哀伤障碍又称复杂哀伤，是指在失去亲人6个月后出现强烈的、持久的哀伤，对个体生理、心理和社会功能等方面产生不利影响，是一种病理现象。[2]针对独生子女刚刚过世的父母，其居住地的政府、社区村/居委会、亲友及专

---

❶ 戴桂斌. 社会转型与社会整合 [J]. 求实, 2003（3）: 27.
❷ 崔芳芳, 李秋芳, 赵毛妮. 国内外哀伤辅导的研究进展 [J]. 中华护理教育, 2017（11）: 872.

业社会工作者都有责任给予其足够的关注和支持，根据其哀伤程度的不同给予专业性的哀伤辅导。对于哀伤程度一般的家庭，可以通过动员亲友探访、介绍失独支持小组等方式给失独者提供情绪上的支持和陪伴，帮助其尽可能地接受子女离世的现实，尽快回归生活和社区，逐渐走出失去亲人的阴影；而对于陷入延长哀伤障碍的失独者，则有必要帮助其联络专业的哀伤辅导机构，提供专业的哀伤辅导服务和精神健康服务，避免失独者患上精神疾病。

2. 家庭治疗、修复情感

在独生子女去世后，父母之间感情破裂、离婚的概率大大增加。诚然，我们应该客观地看待现代社会夫妻离婚、家庭解体的现象。离婚在一定程度上也是社会现代化的结果，人们有了更多的权利和自由去选择自己的配偶。在失独者离婚方面，对于那些本就情感破裂、完全以子女为纽带维系婚姻的家庭，离婚是无可厚非的。然而，对于那些原本夫妻情感亲密、家庭氛围和谐的家庭，而因为独生子女的去世而导致夫妻关系出现问题的失独夫妻，社会有必要帮助其修复感情。亲友、社区邻里在失独家庭夫妻关系问题上扮演着发现者和调停者的角色，当发现失独者夫妻关系出现问题时，亲友和社区邻里应给予及时的关注和帮助，起到冲突调停和关系修缮的作用，从而稳固其夫妻关系。

（二）社区层面的支持

1. 社区参与、回归生活

社区是个人参与社会生活的重要场域，脱离社区将导致个人的参与感、效能感降低，社会支持网络渐趋稀疏。重新融入社区，感受来自社区的支持，是提高失独家庭生活质量的重要途径。社区工作者、社区组织中的工作人员应主动与本社区中的失独家庭联系，吸引失独者参与社区活动，参加社区事务，让失独者在社区参与中重新回归生活，把过去集中于失独悲伤的精力和时间用在社区参与中，通过团体的力量促使失独者走出阴影。

2. 邻里照顾、志愿连接

社区照顾策略对于社区成员社会支持网络的建构和生活问题的解决有其独到的作用。对于因身体原因无法独立生活的失独者，社区可通过动员邻里和社区组织、招募相关志愿者等措施为他们提供陪伴、照护服务，也可通过"自愿结对、政府购买"的形式促进失独者在社区内寻找照护者，由政府为照护者提供补助，实现"一对一"帮扶，帮助失独者完善社区支持网络，感受来自社区的温暖。同时，那些身体健康的失独者也可以参与到社区照顾中来，为社区中的残疾人、失能老人、儿童等提供照护服务，这样不仅使他们在奉献中找到自己的价值，而且在一定程度上还能建构社区的社会资本，让社区更加有序、有爱。

3. 抱团取暖、互助疗伤

失独群体自组织也是失独者获得支持的重要来源。相似性使人们更易产生共鸣，同样作为失独者，失独群体自组织相比其他非失独者更能理解失独者的感受，提供更为精确的支持。在具体方式上，既可以通过线下聚会开展活动，也可以通过线上的微信群、QQ群等方式更广泛地吸纳失独者加入。同时，失独群体自组织的形成也增强了失独群体的话语权，他们共同行动、维护自身权益，一起为自己在社会上发声，吸引政府和社会大众的关注，获得更多政策上的倾斜。

（三）社会层面的支持

社会对失独者有着不可推卸的责任。学者李真指出，对于失独群体而言，他们响应和支持了计划生育政策，履行了计划生育的义务，因此，从社会制度维度对该群体进行特殊关爱，是其理应享有的权利，同时也是计划生育政策的有益补充，这也正是社会主义制度优越性的必然要求❶。

1. 政策保障、养老无忧

只有加强相关社会保障机制的建设，才能让失独者更安心地生活，因此需要出台专门针对失独者的保障政策。第一，对失独家庭扶助的前提是能够对其进行准确的统计，政府应建立失独家庭电子档案和失独家庭数据库，不仅有助于提高失独家庭信息统计的准确度，还可以对各地失独者扶助状况进行动态化管理。第二，在政策帮扶力度及方式上，对经济支持和精神支持都应进行加强。一方面，确保失独家庭经济收入在温饱线以上，保证他们能够获得足够的人文关怀，不至陷入孤独；另一方面，可根据失独家庭的类型进行扶助，对成功再生育/领养的失独家庭可进行一次性奖励（补助），形式上

---

❶ 李真."失独老人"养老保障及法律问题研究 [J].绥化学院学报，2015（3）.

既可以是经济补助，也可以是政策优惠（诸如新生儿的就学优惠等），对于永久性失独家庭可为其提供紧急救助金政策，当家庭突发重大困难时，政府可向其提供一笔紧急救助金，助其渡过难关。第三，要完善养老保障制度，独生子女的去世导致父母直接失去了最大的养老依靠，政府作为计划生育政策的发起者，有责任对失独家庭所遭遇的风险进行补偿，政府可通过投资建立养老型社区、针对失独老人的专门养老机构等措施保障失独者的老年生活。第四，医疗保障制度也应对失独者做出有针对性的调整，要提高对失独者的就医优惠，政府应优先将其纳入大病救助政策以及医保"二次报销"范围，亦可为失独家庭购买意外伤害险（住院护理险），确保失独者有钱看病，避免因病致贫。第五，在政策层面强化对失独家庭的情感支持的规定，政府直接提供的情感支持可以采取生日送祝福、节日送温暖的形式。然而，由于政府工作人员专业能力限制以及实地探访占用较多时间等原因，政府所能直接提供的表达性支持是有限的，对于此，课题组认为政府可通过购买相关机构（如社会工作机构）的服务来增强对失独家庭的表达性支持。

2. 法律支持、维权顺畅

完善的法律体系是失独家庭获得正式社会支持的重要来源，应尽快组织开展因"失独"可能涉及的法律研究，让失独者在维权时有法可依。在"失独"事件中，家庭可能涉及的法律问题是多方面的，诸如独生子女意外死亡的责任及赔偿问题、过世独生子女的遗产划分及继承问题、孙辈养育可能涉及的法律问题以及失独者养老可能涉及的法律问题等方面。由于失独者这一群体的特殊性，特别是针对老年失独、单亲失独、患病失独等情况，法律都应给予足够的关注。

3. 舆论宣传、倡导互助

信息的缺乏是偏见产生的重要原因，提高社会对失独家庭的接纳程度、摈弃排斥思想，进行必要的舆论宣传，提高扶助政策知晓率，推动社会形成关心帮助失独家庭的良好氛围是十分重要的。失独家庭舆论宣传的责任主体不仅限于政府和大众媒体，失独者自组织也有着向社会传达信息、减少误解的责任。舆论宣传的主体与客体都应以准确事实为基准，主流媒体应当在报道失独者的过程中坚持正面原则，让失独者真正地讲述自己的心路历程，以达到大众对失独群体有准确、真实认知的目的。另外，可以选择性地报道抱有乐观心态的失独者，这一行动既能够以同命人的积极状态去感染其他失独者，也更加容易引起失独者的共鸣，还能够唤起广大群众对失独者的尊重而非单纯怜悯的情感。❶

三、整合专业资源服务农村失独家庭，以专业优势化解农村失独家庭的难题

农村与城市相比二者在基础设施、公共服务、经济收入以及社会文化等方面都存在明显的差异，鲜有对农村失独家庭这一弱势群体进行全面的、系统化的研究，因而很少制定出针对农村失独家庭倾斜的、有效缩小城乡差距的可行性政策。根据前期的深入调研，课题组尝试以社会工作专业技术介入、社会扶助以及社会保障政策等方式、方法来寻求解决路径。

（一）社会工作专业介入

新教伦理、人道主义精神、社会福利观念一直都是社会工作的价值基础，也是社会工作作为助人自助学科的精神源泉。针对农村失独者这一社会弱势群体，社会工作发挥专业优势，在利他主义理念指导下，社会工作者通过运用萨提亚家庭治疗模式、农村失独者小组工作、自组织与他组织合作以及社会政策倡导等方法，以农村失独者不同生命阶段的需求为导向为其提供专业社会工作服务。

1. 个案社会工作：萨提亚家庭治疗模式

独生子女的事故破坏了这一高风险家庭的依存关系，家庭结构也从原有稳固的三角关系转变为双向的夫妻关系。这一变化无疑会引起失独者的情绪困扰和紧张心态，甚至还会引起个体自尊下降，而由于低自尊在家庭这一范围内极具传染性，低自尊的一方往往在无意中就会对配偶过分地指责和挑剔，潜移默化地传递着损害配偶自尊的消极信号，这极大地限制了失独者积极经验的获得。长此以往，夫妻关系会因为互相指责对方导致家庭规则被打破，最终家庭沟通呈现出"表里不一"的模式。萨提亚家庭治疗模式的基本信念是尊重和信任，它较为注重经验、人文关怀，对于家庭中的每一个成员而言，

❶ 黄鹏、蔡弘. 失独家庭与适度关怀研究 [J]. 合肥学院学报（社会科学版），2014（5）：34.

治疗过程等同于获得正面经验的过程。萨提亚家庭疗法是"经验—人本主义"派系中的一朵奇葩，在理论上、方法上都有着自身突出的特点，它与其他家庭治疗最大的不同就是非常重视社会工作者自身素质和自我运用，强调把专注、敏锐触觉等感知融入治疗过程，而不是僵硬地、机械化地只注重技巧。因此，在治疗过程中社会工作者应当遵循五个方面的原则：

（1）关注家人成长而不是解决问题。萨提亚认为治疗重点是寻求家庭成员能够获得内在的经验，而非外在行为、外在问题是否得到了表面上的解决。❶这表明社会工作者在协助失独家庭共同成长时应当着重引导家庭成员描述当时自身经验，而不是深入分析已有经验，鼓励家庭成员描述自己希望家庭中发生的改变。这种转移方法会明确家庭成员的成长目标和方向指引，他们在受到鼓舞、获得希望后才会更有可能找到问题解决的方法，加强问题解决的能力。

（2）重视过程而非内容。萨提亚治疗模式不关注家庭中所发生的事，更关心家庭成员间的互动以及沟通是如何助长了问题的发生和延续，其治疗目标在于打破这个循环、尝试回归正轨。对于失独家庭的治疗来说，更关注家庭成员间以哪一种方式进行沟通，社会工作者通过引导当事人对让人猜度、含混不清的观念进行澄清，采用对质方法鼓励当事人对某些行为、感受以及信念等做出反省。

（3）注重家庭获得的新经验而非消除旧有经验。萨提亚认为不应该过于专注过去，应利用新经验获取新的反应方式，从而摆脱旧有经验的限制和束缚。社会工作者在试图共情失独者的悲痛之际，还需要关注他们沉浸于悲痛的强度和时间长度，若当事人一味沉湎于痛苦，可能会对生理、心理以及社会功能产生严重的负面影响。社会工作者此时应该陪伴失独父母逐渐接受事实，有序地引导他们勇敢追求期望目标下的新人生，从而实现另一种全新的人生价值。

（4）倾向于滋润而不是强迫。萨提亚认为当一个人感受到被尊重、被关注时会有改变的动机产生，每一个人都是可以改变的。失独父母的经济困境、物质匮乏可以由外在资源支持下克服，但他们更加需要被理解、被尊重和心

---

❶ 张文霞，朱冬亮. 家庭社会工作 [M]. 北京：社会科学文献出版社，2005.

灵关怀。社会工作者在介入时不是未经同意就强行上门拿出提前设计好的服务，而是把家庭内部成员的意愿和需求放在首位，在润物细无声中表达对他们伯尊重，直至他们愿意主动接受帮扶为止。

（5）治疗即教育。萨提亚认为治疗是让家庭成员将新经验转化为新的沟通、互动方式的一个过程。社会工作者在倾听时还要注意遇到模糊不清的地方需要技巧性地询问、要求澄清，通过示范如何沟通的榜样作用可以启发失独家庭成员明确地学习到清晰且直接的沟通方式。

2. 小组工作：失独者焦点支持小组

由于农村失独者在家庭结构遭遇重大破坏后会经历震惊、哀伤、认同以及修复的一个心理过程，小组工作者应根据这一心理历程展开相应阶段的支持工作。

首先，通过开展失独者焦点支持小组工作为失独家庭打造可供心理倾诉的平台，邀请小组组员相互倾诉。通过倾听他人的遭遇、排泄内心的苦闷，在逐渐产生相似感的过程中慢慢发展出组员间的一致性。小组成员的类似遭遇能够培养同舟共济的感受，让成员间实现相互理解与支持，以团体认同加强心理认同，从而构建一个合理的、有序的社会诉求表露场域。

其次，在社会工作者和组员的分享、小组组员相互间的支持和治疗中，小组内会形成积极、有效的互动，进而改变失独父母对当前家庭状况的认知。组员逐渐学会面对现实，通过尝试和孩子告别的环节掌握调节和控制情绪的技巧，组员间由此产生情感上的正向支持，这一同质性群体在互相陪伴中共同渡过人生中最困难与煎熬的时期。

最后，社会工作者承担教育者的角色，很多失独者并不了解针对失独家庭的国家、地方福利政策与规定，这就需要社工主动向失独家庭普及与之权益紧密相关的法律、法规与政策。在小组互动中，引导组员充分讨论这些制度与规定，并询问和澄清他们仍旧认为模糊或有偏差的认识和疑问，使成员间的互助、支持成为他们应对生活困境的动力来源之一。通过焦点小组的开展可以充分调动小组组员的利他性、提升自我价值感，提高失独者自我权益保护意识；更能让他们切实感受到国家、政府和社会是他们的坚强后盾，让他们有信心分享社会发展带来的积极成果；鼓舞他们重构生活目标，在人生的岔路口选择新的方向，再次拾起远行的勇气与力量。

（二）自组织与他组织合力扶助失独家庭

在社会扶助层面，自组织与他组织相结合为我们服务农村失独家庭开辟了新思路，自我服务与社区服务或许可以激发农村失独家庭的内在潜能。

首先，自组织就是农村失独家庭基于自愿的原则主动结合在一起，他们有情感性、认同性的关系，有集体行动的需要，能够为了管理集体行动而自我制定规则、自我管理❶。通过"互联网＋"技术建立失独家庭线上线下 OTO（Online To Offline）自组织。线下自组织是在同一县、市级范围内成立的农村失独家庭自我管理与服务组织。线上自组织以 QQ 群、微信群等现代网络即时通信功能为基础的 APP，实现及时互动、更新最前沿的帮扶政策信息以及在群内宣传走出困境的榜样家庭为案例，为他人提供正向情感支持。失独家庭自组织由失独父母自发成立，是抱团疗伤的一种方式，在这一团体中由于个体有着相似的经历，存在较强的同质性，因此在农村失独家庭的自组织中失独父母通过在组织内用生命关怀生命、传达正向支持、分享最新的心灵历程，以此寻找归属感、获得人生的新体验。换句话说，农村失独群体自组织是失独父母一种自发的、自助助人的行为，更是他们重新融入社会的一次尝试。因此，失独家庭自组织的定位实则是"抱团取暖"而非"抱团闹事"，政府应有序引导、接纳这一组织形式的存在。相对于自组织而言，他组织是在某一个权利主体的指定下，由一群人组织起来完成一项被赋予任务的组织。他组织的服务主体既有社会工作机构，还应该有村委会相关基层单位，更需要社会企事业单位、社会公益组织的共同协助，多元主体的参与为失独家庭的生活质量提供了全面、系统的保障。首先，社会工作组织可以开通失独者家庭全天候咨询热线。定期招募志愿者，并对志愿者进行资格筛选，设立定期的、长期的培训制度，保障为失独者提供服务的质量。咨询热线提供的类型包括关系处理咨询、社交咨询、心理咨询、健康咨询、物质使用咨询等，也可为处在情绪低迷阶段、有自杀倾向的服务对象提供电子邮件支持。

其次，养老、医疗机构在医养服务方面应发挥其功能，政府购买社会服务、孵化农村公益组织应以失独家庭的养老与医疗需求为前提，建立农村特色医

---

❶ 李强，等.协商自治·社区治理：学者参与社区实验的案例 [M]. 北京：社会科学文献出版社，2017.

疗、养老结合模式为失独群体服务。针对居家养老的失独者推行家庭养老医疗模式，配备一定比例的医生和护士，即医疗资源进社区、进家庭，定期开展身体健康检查。针对在养老机构集中养老的失独者，鼓励养老机构与相关医疗机构签署协议、进行合作，提供定期巡诊、定时护理等服务，在实现同质性养老的同时，为避免这一养老模式可能导致社交内卷化，需要养老机构与社会工作机构合作，由专业社会工作者通过生理、心理健康状况评估，敏锐识别失独者的情绪变化，了解失独者的生理和心理发展、变化，在各机构、组织的协同努力下，构建预防保健、疾病治疗、康复护理、医养结合、临终关怀为一体的连续整合型健康服务，打造适合老龄化的环境。

最后，村委会基层干部在社区服务中有着举足轻重的作用。社会工作者在和失独家庭初步建立关系阶段少不了村乡级干部发挥桥梁作用，与社会工作者共同进入失独家庭，协助社会工作者获得失独者的信任。同时社会工作者需要整合社区资源，组织、发动村民主动与失独者互动、互助，为失独者积极提供生活、生病照料等便捷服务。通过营造社区内的村民互助、自助氛围，可以进一步提升村级范围的社区服务水平和综合能力。在农村失独家庭自组织、社会组织、社区互助氛围营造等力量的支持下，构建一个全面、系统的社会支持体系，从而提升失独者的生活品质，提高其生存质量，最终达到增强农村失独群体对未来生活充满希望和信心的目的。❶

---

❶ 赵仲杰，张道林.人本主义视角下农村失独家庭的社会工作介入探究 [J]. 前沿，2019（3）：58-64.

参考文献

[1] 习近平.决胜全面建成小康社会夺取新时代中国特色社会主义伟大胜利——在中国共产党第十九次全国代表大会上的报告 [M].北京：人民出版社，2017.

[2] 谭乐圆.中国计划生育政策的历史变迁与完善研究 [D].湘潭：湘潭大学，2017.

[3] 中华人民共和国国家统计局.2017 中国统计年鉴 [M].北京：中国统计出版社，2017.

[4] 赵仲杰.北京城区独生子女家庭的养老问题研究 [M].北京：知识产权出版社，2012.

[5] 于海.行动论、系统论和功能论——读帕森斯《社会系统》[J].社会，1998(3)：44-45.

[6] 张必春，刘敏华.绝望与挣扎：失独父母夫妻关系的演变及其干预路径——独生子女死亡对夫妻关系影响的案例分析 [J].社会科学研究，2014（4）：104-111.

[7] 文军.西方社会工作理论 [M].北京：高等教育出版社，2013.

[8] 吴玉韶，王莉莉，孔伟，等.中国养老机构发展研究 [J].老龄科学研究，2015(8)：13-24.

[9] 姚兆余，王诗露.失独老人的生活困境与社会福利政策的应对 [J].重庆工商大学学报（社会科学版），2014(4)：86-92.

[10] 张荣顺，王培安.中华人民共和国人口与计划生育法解读 [M].北京：中国民主法制出版社，2016.

[11] 齐恩平，傅波.完善失独老人养老路径的法律探析 [J].天津商业大学学报，2013(5)：64-68.

[12] 苟雅宏.社会支持基本理论研究概述 [J].学理论，2009(12)：74-75.

[13] 全宏艳.社会支持研究综述 [J].重庆科技学院学报（社会科学版），2008(3)：69-70.

[14] 谭磊.论社会工作视角下失独父母的社会融入问题 [J].东疆学刊,2014(3)：82-86.

[15] 戴桂斌.社会转型与社会整合 [J].求实，2003(3)：27-30.

[16] 崔芳芳，李秋芳，赵毛妮.国内外哀伤辅导的研究进展 [J].中华护理教育，2017(11)：872-876.

[17] 黄鹂，蔡弘.失独家庭与适度关怀研究 [J].合肥学院学报（社会科学版），2014(5)：34-38.

[18] 穆光宗.独生子女家庭本质上是风险家庭 [J].中国企业家，2004(9)：26.

[19] 王广州.中国失独妇女总量、结构及变动趋势计算机仿真研究 [J].人口与经济，2016(5)：1–11.

[20] 周伟，米红.中国失独家庭规模估计及扶助标准探讨 [J].中国人口科学，2013(5)：2–9,126.

[21] 张文霞，朱冬亮.家庭社会工作 [M].北京：社会科学文献出版社，2005.

[22] 李强，等.协商自治·社区治理：学者参与社区实验的案例 [M].北京：社会科学文献出版社，2017.

[23] 袁嘉荫，刘七生.寂寞的消解：失独家庭重构研究 [J].山东工商学院学报，2018,32(2)：117–124.

[24] 王秀银，胡丽君，于增强.一个值得关注的社会问题：大龄独生子女意外伤亡 [J].中国人口科学，2001(6).

[25] 刘芳，马明君.我国失独家庭现状与对策的研究综述 [J].重庆师范大学学报（社会科学版），2014(2)：101–106.

[26] 王森.论失独家庭困境及对策分析 [J].佳木斯职业学院学报，2016(8)：472–473.

[27] 安民兵.萨提亚治疗模式在失独家庭中的运用 [J].现代商贸工业，2017(30)：161–162.

[28] 周长城，孙玲.人本主义：社会工作的重要理论范式——浅析人本主义视角下的社会工作 [J].社会工作，2012(4)：15–18.

[29] 赵亚珠.失独家庭问题研究 [J].理论观察，2015(8)：98–99.

[30] 王进.失独家庭的养老问题及对策探析 [J].黄河水利职业技术学院学报，2018,30(1)：98–101.

[31] 郑志坚，张伟东，马娟，等.失独家庭父母身心健康状况与生活质量的对照研究 [J].中华老年医学杂志，2015,34(1)：86–90.

[32] 刘芷含，车闫平.农村失独家庭生存现状及差异化扶助机制设计 [J].学理论，2016(7)：90–92.

[33] 侯亦珠.关于农村失独家庭的问题研究 [J].时代报告，2015(12).

[34] 缪荣富.浅谈农村失独家庭的现状及对策 [J].法制博览，2015(24)：268.

[35] 本刊编辑部，桂世勋，王秀银，等.对成年独生子女意外伤亡家庭问题的深层思考 [J].人口研究，2004(1)：28–37.

[36] 杨书章，王广州.一种独生子女数量间接估计方法 [J].中国人口科学，2007(4)：58–64，96.

[37] 王广州.中国独生子女总量结构及未来发展趋势估计 [J].人口研究，2009(1)：10–16.

[38] 吴玉韶.中国老龄事业发展报告：2013[M].北京：社会科学文献出版社，2013.

[39] 王广州.独生子女死亡总量及变化趋势研究 [J].中国人口科学，2013(1)：57–65,127.

[40] 潘金洪.国家社会科学基金项目"失独家庭风险应对及回归正常生活研究"研究报告 [R].2017.

[41] 田立法，荣唐华，张馨月，等."全面二孩"政策下农村居民二胎生育意愿影响因素研究—以天津为例 [J].人口与发展，2017(4)：104–112.

[42]　徐映梅，瞿凌云. 独生子女家庭育龄妇女生育意愿及其影响因素—基于湖北省鄂州、黄石、仙桃市的调查 [J]. 中国人口科学，2011(2)：76–84，112.

[43]　柳金凤，王蓉，马薇红. 已育妇女 1314 例二胎生育意愿及影响因素分析 [J]. 宁夏医学杂志，2019(3)：242–244.

[44]　穆光宗. 低生育时代的养老风险 [J]. 华中科技大学学报（社会科学版），2018(1)：1–7.

[45]　国家统计局人口和就业统计司课题组，等. 中国失独妇女及其家庭状况研究 [J]. 调研世界，2015(5)：3–8.

[46]　赵嘉欣. 杭州市失独家庭心理健康评估及干预策略研究 [D]. 杭州：杭州师范大学，2016.

[47]　陈雯. 从"制度"到"能动性"：对死亡独生子女家庭扶助机制的思考 [J]. 中共福建省委党校学报，2012(2)：114–120.

[48]　李秀. 失独者悲伤调试及其本土化干预模式研究 [D]. 南京：南京中医药大学，2014.

[49]　杨晴. 失独空巢家庭的社会支持体系研究：以苏州为例 [D]. 苏州：苏州大学，2013.

[50]　赵仲杰. 城市独生子女伤残、死亡给其父母带来的困境及对策—以北京市宣武区调查数据为依据 [J]. 南京人口管理干部学院学报，2009(2)：55–59.

[51]　丁志宏，祁静. 如何关注"失独家庭"养老问题的思考 [J]. 兰州学刊，2013(9)：70–75.

[52]　方曙光. 社会政策视阈下失独老人社会生活的重新建构 [J]. 社会科学辑刊，2013(5)：51–56.

[53]　沈长月，夏珑，石兵营. 失独家庭救助与社会支持网络体系研究 [M]. 上海：华东理工大学出版社，2016,(1).

[54]　丁志宏. 中国老年人经济生活来源变化：2005—2010[J]. 人口学刊，2013(1)：69–77.

[55]　王茂福，谢勇才. 失独群体的社会保障问题探析——以北京模式为例 [J]. 兰州学刊，2013(7)：91–96.

[56]　谢勇才，王茂福. 我国发达地区失独群体社会保障模式比较与对策研究 [J]. 学习与实践，2014(11)：107–114.

[57]　谢勇才，王茂福. 论我国失独群体社会保障中的政府责任 [J]. 中州学刊，2015(1)：68–72.

[58]　尹娜. 失独家庭的社会保障问题研究——以济南市 S 区为例 [D]. 济南：山东大学，2017.

[59]　管鹏，张云英. 农村失独家庭社会保障问题研究综述—基于 2001–2005 年国内文献 [J]. 社会福利（理论版），2016(1)：56–61.

[60]　孙炜红. 失独家庭养老困境研究 [J]. 四川理工学院学报（社会科学版），2014(4)：26–31.

[61]　冉文伟，陈玉光. 失独父母的养老困境与社会支持体系构建 [J]. 新视野，2015(3)：106–111.

[62]　方曙光. 断裂、社会支持与社区融合：失独老人社会生活的重建 [J]. 云南师范大学学报（哲学社会科学版），2013(5)：105–112.

[63] 方曙光.社会排斥理论视域下我国失独老人的社会隔离研究 [J].江苏大学学报（社会科学版），2015(3)：73-78，84.

[64] 张必春，柳红霞.失独父母组织参与的困境、内在逻辑及其破解之道——基于社会治理背景的思考 [J].华中师范大学学报（人文社会科学版），2014(6)：31-39.

[65] 胡叠泉.失独家庭社会隔离现状及形塑机制分析 [J].三峡论坛（三峡文学・理论版），2019(2)：98-103.

[66] 谢聪，倪小玲，张海芬，等.失独家庭夫妇生活质量和心理卫生状况对照研究 [J].重庆医学，2017(36)：5145-5148.

[67] 杭荣华，陶金花，张文嘉，等.失独者的心理健康状况及其影响因素 [J].皖南医学院学报，2015(4)：398-401.

[68] 王娟娟，周晶.失独家庭风险转移与演变内在机理分析 [J].理论月刊，2016(3)：133-137，143.

[69] 惠永强，康越.不同类型失独家庭的社会保障政策困境与解决路径 [J].北京化工大学学报（社会科学版），2018(1)：52-57.

[70] 尉玮，王建平.失独父母病理性哀伤的检出率、共病与风险因素 [G].第十一届全国心理学学术会议摘要集，2018-11-02.

[71] 文军，史光远，徐鑫，等.失独父母心理健康状况风险因素分析：一项全国性横断研究 [G].第十一届全国心理学学术会议摘要集，2018-11-02.

[72] 毛家慧.江西省失独家庭社会风险防范问题研究 [D].南昌：江西财经大学，2017.

[73] 李平菊，夏珑.失独者积极心理创伤疗愈的过程及启示 [J].中国社会工作，2017(31)：31-32.

[74] 潘金洪，胡创奇，郝仁杰.失独者走出哀伤困境的影响因素分析——基于 1084 位失独者的调查 [J].人口与发展，2018(5)：72-83.

[75] 魏璇，董柠其，钟丝怡，等.失独家庭扶助政策供需差异性研究 [J].管理观察，2017(1)：182-185.

[76] 杨宏伟，汪闻涛.失独家庭的缺失与重构 [J].重庆社会科学，2012(11)：21-26.

[77] 张必春，陈伟东.变迁与调试：失独父母家庭稳定性的维护逻辑——基于家庭动力学视角的思考 [J].华中师范大学学报（人文社会科学版），2013(3)：19-26.

[78] 郭庆，孙建娥.从拔根到扎根：家庭抗逆力视角下失独家庭的养老困境及其干预 [J].社会保障研究，2015(4)：21-27.

[79] 沈庆群.失独女性社会再融入问题思考——基于安徽某市 120 名失独女性与 80 名失独男性比较研究 [J].怀化学院学报，2017(3)：58-65.

[80] 方曙光.社会困境与自我隔离：我国农村失独家庭社会支持系统的建构—基于安徽湖北两省的实证研究 [J].中国农村研究，2015(1)：246-260.

[81] 宋健.中国"失独"家庭的养老问题与对策 [J].探索与争鸣，2016(1)：64-67.

[82] 宋强玲.失独家庭养老问题及对策研究 [J].人民论坛，2013(5)：126-127.

[83] 王秋波.我国构建"失独家庭"社会支持体系研究 [J].理论学刊，2015(4)：92-96.

[84] 谢勇才.由形式公平走向实质公平：失独家庭扶助制度的理性选择 [J].江淮论坛，
2016(3)：133-138.

[85] 战伟平.失独者需要状况的探索性研究 [D].济南：山东大学，2013.

[86] 粗颖，周静."失独家庭"，谁来抚平你的痛 [J].法律与生活，2012(14)：32-34.

[87] 陈恩.全国"失独"家庭的规模估计 [J].人口与发展，2013(6)：100-103.

[88] 王思斌.整合制度体系保障人民可持续的获得感 [J].行政管理改革，2018(3)：28-33.

[89] 穆光宗.失独父母的自我拯救和社会拯救 [J].中国农业大学学报（社会科学版），
2015(3)：117-121.

[90] 韩生学.中国失独家庭调查 [M].北京：群众出版社，2017.

[91] 袁珍.城市失独家庭养老保障研究：以南昌市为例 [D].合肥：安徽财经大学，2013.

[92] 刘军.西安市失独家庭养老保障研究 [D].西安：西北大学，2014.

[93] 戴杰.浙江省失独家庭养老服务研究 [D].昆明：云南财经大学，2017.

[94] 崔德华.养老服务业分类研究 [J].老龄科学研究，2015(6)：58-65.

[95] 范明林.社会工作理论与实务 [M].上海：上海大学出版社，2007.

[96] 帕森斯.社会系统 [M].天津：天津人民出版社，2005.

[97] 穆光宗."失独"三问 [J].人口与社会，2016,32(1)：31-37.

[98] 王安丽.独生子女家庭本质上是风险家庭 [N].中国社会科学报，2011-11-03.

[99] 谢勇才，黄万丁，王茂福.失独群体的社会救助制度探析——基于可持续生计角度 [J].
社会保障研究，2013(1)：72-79.

[100] 翟振武.全面建设小康社会与全面解决人口问题 [J].人口研究，2003(1)：1-4.

[101] 詹姆斯·G.马奇，约翰·P.奥尔森.重新发现制度 [M].北京：生活·读书·新知三
联书店，2011.

[102] 北京大学人口所课题组.计划生育无后家庭民生关怀体系研究—以辽宁省辽阳市调
研为例 [J].中国延安干部学院学报，2011(5)：50-60.

[103] 金辉华，王海琴，姬文慧.城市失独家庭父母精神困境问题研究进展 [J].健康教育与
健康促进，2017(1)：66-68.

[104] 洪娜.独生子女不幸死亡家庭特征对完善计生工作的启示——以苏州市吴中区为例
[J].南方人口，2011(1)：14-18，47.

[105] 张艳丹.构建失独老人养老保障体系的对策建议 [J].劳动保障世界（理论版），
2013(9)：31-32.

[106] 周璇，吴翠萍.基于风险视角的失独家庭养老问题研究 [J].老龄科学研究，2015(2)：
38-48.

[107] 刘岚.独生子女伤残死亡家庭扶助与社会保障 [J].人口与发展，2008(6)：32-34.

[108] 金珑嘉.失独家庭现状及其养老问题研究 [J].汕头大学学报（人文社会科学版），
2013(4)：75-78，96.

[109] 张祺乐.论"失独者"权利的国家保护 [J].现代法学，2013(3)：11-17.

[110] 李永兰，王秀银.重视独生子女意外死亡家庭的精神慰藉需求 [J].人口与发展，

2008(6)：28-30.

[111] 李晓兰，巩文彧.失独家庭精神关爱问题研究 [J].黑龙江教育学院学报，2014(7)：99-100.

[112] 李文杰.精神慰藉是失独家庭的复活剂 [N].中国社会报，2012-11-23（7）.

[113] 秦秋红，张甦."银发浪潮"下失独家庭养老问题研究——兼论社会养老保险制度的完善 [J].北京社会科学，2014(7)：50-56.

[114] 朱俊生，齐瑞宗，庹国柱.论建立多层次农村医疗保障体系 [J].人口与经济，2002(2)：66-70.

[115] 郑功成.中国流动人口的社会保障问题 [J].理论视野，2007(6)：8-11.

[116] 陈鑫婕."失独"家庭养老保障中的政府角色定位研究：基于成都市调查数据 [D].成都：西南民族大学，2014.

[117] 李世佳.基于公共财政视角的中国失独家庭研究 [D].长春：吉林大学，2014.

[118] 钟宇菲，张莹.失独家庭养老保障问题研究 [J].劳动保障世界（理论版），2013(8)：23.

[119] 蒋智昕.农村失独家庭社会救助问题研究 [D].湘潭：湘潭大学，2016.

[120] 王文静，王蕾蕾，闫小红.从生存型救助到发展型救助——社会工作视角下失独家庭的救助策略 [J].新疆社会科学，2014(5)：119-123，162.

[121] 王海涛.什么叫"失独家庭" [N].浙江日报，2015-05-23.

[122] 王国军.中国计生家庭生活保障制度的现状与城乡统筹 [J].中州学刊，2009(9)：106-111.

[123] 戴桂斌.社会转型与社会整合 [J].求实，2003(3)：27-30.

[124] 马芒.构建独生子女风险家庭的社会支持网络 [J].中国发展观察，2011(5)：31-34.

[125] 南菁，黄鹂.我国失独家庭现状及帮扶对策研究述评 [J].合肥学院学报（社会科学版），2013(2)：20-23.

[126] 管鹏.农村失独家庭养老保障基本状况 [J].河南农业，2016(32)：4-6.

[127] 李慧芳，王珊珊，谢佳芮，等.河南乡村"失独家庭"生存状况研究——以省内 4 县 10 村为中心的调查 [J].中国市场，2015(46)：127-130.

[128] 王进.农村失独家庭社会帮扶策略研究 [J].广西社会科学，2016(8)：160-162.

[129] 吕世辰，王金，杨华磊.农村失独家庭的生命轨迹、弱势地位及扶助措施 [J].中共山西省委党校学报，2018,41(3)：66-68.

[130] 李园园.滨州市沾化区农村失独家庭面临的问题及对策研究——对古城镇的调查与思考 [D].济南：山东师范大学，2017.

[131] 向德平，周晶.失独家庭的多重困境及消减路径研究——基于"风险—脆弱性"的分析框架 [J].吉林大学社会科学学报，2015,55(6)：60-67，172.

[132] 伍方舟.农村失独家庭的社会支持研究：以重庆市万州区为例 [D].重庆：重庆工商大学，2017.

[133] 宋振瑜.失独家庭养老困境调查及对策探讨——以河北省保定市为例 [J].经济研究参

考，2018(22)：29–32.

[134] 朱韶晖. 失独家庭社会支持的需求分析与体系建构——以西宁市四区三县为例 [J]. 青海民族大学学报（社会科学报），2018(2)：47–53.

[135] 许亚柯，欧辉. 欠发达地区农村失独家庭现状及政策实证研究——以怀化市为例 [J]. 农业部管理干部学院学报，2017(1)：66–72.

[136] 洪平. 政府职能视角下失独家庭社会保障现状与发展对策：以广德县为例 [D]. 合肥：安徽大学，2016.

[137] 吴峥嵘，刘太刚. 失独家庭养老保障中政府责任定位的逻辑与策略——基于需求溢出理论的视角 [J]. 云南民族大学学报（哲学社会科学版），2019,36(5)：89–96.

[138] 徐继敏. 成年独生子女死残的困境与政府责任 [J]. 重庆行政，2007(3)：60–62.

[139] 许亚柯. 欠发达地区农村失独家庭现状实证研究——以怀化市为例 [J]. 怀化学院学报，2017,36(2)：70–74.

[140] 魏薇. 论我国失独家庭的养老困境及解决对策——基于域外视角下外国失独家庭养老模式的对比 [J]. 湖北经济学院学报（人文社会科学版），2019,16(4)：69–71.

[141] 张迪，叶淼. 合肥市失独家庭养老保障问题研究 [J]. 劳动保障世界，2019(15)：18–20.

[142] 周冉冉. 全国人大代表、民革吉林省委主委郭乃硕：完善失独老人救助机制，鼓励各地差异性补贴 [J]. 中国社会工作，2019(8)：20.

[143] 马瑄，刘艳红. 浅析失独家庭养老问题及对策 [J]. 现代商业,2018(11)：161–162.

[144] 袁喆. 我国失独家庭扶助体系的构建——基于多中心治理视角的分析 [J]. 劳动保障世界，2019(21)：29.

[145] 张丽铃. 福州市长乐区失独家庭扶助工作的问题及对策 [D]. 福建：福建师范大学，2018.

[146] 任慧霞，李红艳. 中国失独者养老困境及对策 [J]. 中国老年学杂志，2018,38(7)：1778–1781.

[147] 郭会宁. 农村失独老人养老现状调查分析与建议——基于陕西农村地区的调查 [J]. 四川职业技术学院学报，2019,29(4)：25–29.

[148] 许媛媛. 关于我国失独群体精神慰藉及其实现路径的研究 [J]. 赤峰学院学报（汉文哲学社会科学版），2015,36(5)：82–84.

[149] 沈长月，夏珑，石兵营，等. 失独家庭救助与社会支持网络体系研究 [M]. 上海：华东理工大学出版社，2016.

[150] 申莹莹. 失独父母的社会保障：基于精神慰藉视角 [J]. 劳动保障世界，2017(24)：12–13.

[151] 吴玉韶，王莉莉，孔伟，等. 中国养老机构发展研究 [J]. 老龄科学研究,2015(8)：13–24.

[161] 齐恩平，傅波. 完善失独老人养老路径的法律探析 [J]. 天津商业大学学报，2013(5)：

附录：调研问卷

问卷编号：_____

农村失独家庭社会保障和社会支持调查问卷

亲爱的女士／先生：

　　您好！为了更全面地了解我国农村失独家庭的社会保障和社会支持现状，以便更好地保障失独群体的利益，特开展此次调查。

　　本次调查严格按照《中华人民共和国统计法》的要求进行，不用填写姓名，您的回答只用于统计分析，各种答案没有正确、错误之分。请您在百忙之中抽出一点时间填写这份问卷，您的回答将为失独家庭的权益保障提供帮助。衷心感谢您的支持！

我国农村失独家庭社会保障和

社会支持问题研究课题组

2016 年 10 月 1 日

问卷填答说明：

　　1. 本问卷是入户访问问卷。调查员入户，向被调查对象说明问卷填答要求，由被调查对象填答后，调查员要检查是否符合问卷填答要求；如被调查对象不能填写，可根据他（她）的口头回答由调查员代为填写。

　　2. 填答人选择：夫妇双全的家庭，按照第一户女性、第二户男性交替选择，以保证全面反映双方的意见。只一个人的家庭，由本人填答。

3. 除特殊要求外，每个问题只允许选一个答案；有特殊要求的问题，请按要求填写。

4. 凡是涉及年龄、金额等数量的地方，以及涉及家庭收入等统计时间的数字，以 2016 年年底的最新数据为准。

5. 凡是选择题，请在每题的答案中选择一个或多个打 √，或直接在 ___ 中填写。

6. 请不要用铅笔填答。

7. 问卷有不明白之处，请致电咨询：（略）

一、基本情况

（一）个人基本信息

1. 您的性别： ①男　②女

2. 您的年龄： ① 30 岁及以下　② 31 ～ 40 岁　③ 41 岁～ 50 岁

④ 51 岁～ 60 岁　⑤ 61 岁～ 70 岁　⑥ 71 岁～ 80 岁　⑦ 80 岁以上

3. 您目前的婚姻情况：

①有配偶，夫妻和睦　②有配偶，但夫妻关系较差

③无配偶，孤身一人　④其他（请注明）_____

4. 您的文化程度是：

①不识字或识字很少　②小学　③初中　④高中或中专　⑤大专

⑥大学及以上

5. 您目前的居住状态是：

①独居　②与配偶居住　③与亲戚居住　④其他（请注明）_____

6. 您的孩子已去世几年：

① 1 ～ 3 年　② 4 ～ 7 年　③ 8 ～ 10 年　④ 10 年以上

⑤其他（请注明）_____

7. 您的孩子去世的原因是：

①疾病　②意外事故（自然灾害、车祸、溺水等）　③刑事案件受害者

④触犯刑法判处死刑　⑤自杀　⑥其他（请注明）_____

8. 您有无孙子、孙女（外孙子、外孙女）？

①有　②无

（二）个人经济状况

9. 您目前每月的主要经济收入来源是：

①农业劳动收入　②养老保险金　③个人储蓄　④配偶供养

⑤政府补贴　⑥亲友资助　⑦其他（请注明）＿＿＿＿＿

10. 您家庭每月的经济收入大致在哪一个范围？

① 1000 元及以下　② 1000～2000（含）元　③ 2000～3000（含）元

④ 3000～4000（含）元　⑤ 4000 元以上

11. 您家庭每月的支出大致在哪一个范围？

① 1000 元及以下　② 1000～1500（含）元　③ 1500～2000（含）元

④ 2000～2500（含）元　⑤ 2500 元以上

12. 与您家庭的基本需要相比，您认为您家的总收入属于哪种状况？

①很宽裕　②比较宽裕　③大致够用　④比较困难　⑤很困难

13. 您是否有额外的经济负担？

①有　②无

（三）个人身心健康状况

14. 子女意外事故对您的打击情况：

①打击极大，至今无法承受　②打击很大，至今难以面对

③打击大，现在已能面对　④打击较大，现在基本恢复常态

15. 从子女意外事故痛苦中恢复的程度：

①精神麻木，无法恢复　②精神痛苦，难以恢复

③痛苦有所缓和　④基本恢复，可以面对现实

16. 子女意外事故对未来生活的影响：

①对生活完全绝望　②对生活失去希望

③开始寻找生活新的希望　④对生活已经有了希望

17. 您现在对生活的期望：

①昏昏沉沉，没有目标　②试图寻找新目标，但依然渺茫

③开始寻找生活新目标　④已经找到人生新目标

18. 现在，您与他人谈起子女事情时的感受是什么？

①心里无法承受，绝不会谈起 ②还会像刚发生一样，无法控制自己的情绪

③依然很痛苦，但已经能接受现实 ④时隔较长时间，不会太悲伤

⑤心里已然麻木，没什么感觉

19. 发生在子女身上的不幸，给您的家庭带来的影响主要是什么？

①身心打击极大，难以承受 ②精神创伤无法愈合

③对未来生活不抱任何希望 ④夫妻感情受到重创

⑤夫妻双方难以面对现实，只能离异 ⑥把一切都看得很淡、无所谓了

⑦开始寻找新的生活兴趣和目标 ⑧坚定了夫妻共同面对困境的决心

20. 在心理卫生方面，您急需哪些服务？

①心理疏导 ②邻里劝慰 ③结交新朋友 ④与专业社工交流

⑤社区组织外出旅游散心 ⑥社区家庭支持小组

⑦志愿者登门服务 ⑧其他（请注明）＿＿＿＿＿＿

21. 您在心理上是否感到孤独？

①经常 ②有时 ③从不

22. 您在心理上是否感到焦虑？

①经常 ②有时 ③从不

23. 您觉得自己的身体状况如何？

①非常健康 ②比较健康 ③一般 ④不太好 ⑤很不好

24. 您目前需要照顾的情况是：

①日常生活完全自理 ②日常生活偶尔需要人照顾

③大部分时间需要有人照顾 ④日常生活完全不能自理

25. 您家庭每月在医疗保健方面的支出是：

① 1000 元及以下 ② 1000 ～ 2000（含）元 ③ 2000 ～ 3000（含）

元 ④ 3000 ～ 4000（含）元 ⑤ 4000 元以上

（四）个人人际关系、兴趣爱好状况

26. 您与家人的关系：

①非常好 ②比较好 ③一般 ④不太好 ⑤很不好

27. 您与邻居的关系：

①非常好 ②比较好 ③一般 ④不太好 ⑤很不好

28. 您是否与村委会或社区中的工作人员接触？

①经常接触　②偶尔接触　③不接触

二、社会保障现状及需求

29. 是否领取过"失独家庭"特殊扶助金？

①是 （领取金额是___）　②否

30. 您对当地社会保障制度中哪些内容最为关心？（可多选）

①养老保险　②医疗保险　③残疾人帮扶　④五保供养最低生活保障

⑤军人优抚　⑥救灾救济　⑦农村危房改造帮扶　⑧移民新村帮扶

31. 您是否知道新农村合作医疗制度？

①是　②否

32. 您是通过哪些途径知道新农村合作医疗制度的？

①从宣传资料中　②从报纸上　③听其他人讲的

④广播电视上　⑤ 其他（请注明）_____　⑥ 不知道

33. 您认为每年缴纳多少医疗保险是可以承受的？

① 10 元以下　② 10 元～ 30 元　③ 30 元～ 50 元　④ 50 元以上

34. 如果您生病了愿意去哪里就医？

①去药店自己买药　②卫生所　③私人诊所　④乡镇医院

⑤县市级医院

35. 您认为当地的医疗情况有哪些需要改进？

①增加药品种类　②改善扩建卫生房屋　③改善服务态度

④提高医生技术水平　⑤更新医疗设备　⑥其他（请注明）_____

36. 您是否享受了最低生活保障制度？

①是　②否

37. 您对自己享受的具体保障金额是否清楚？

① 很清楚　②大概知道　③不怎么了解　④完全不知道

38. 您认为当地最低生活保障制度存在哪些问题？

①实际领取低保人数与应该支付人数有偏差　② 资金难以落实

③农村最低生活保障制度配套措施不健全　④对象限定不合理

39. 您参加了当地的哪些社会保险或者其他政策扶助？

①养老保险　②医疗保险　③最低生活保障制度

④其他（请注明）＿＿＿＿＿＿

40. 您认为当地养老保险存在哪些问题？

①覆盖面不广　②养老金较低　③体制有待完善　④资金筹措困难

⑤个人养老保险缴纳负担重

41. 您对现在各项报销率和救助金额满意吗？

①非常满意　②基本满意　③不知道　④不满意　⑤非常不满意

42. 您认为自己现在的生活是否得到切实的保障？

①是，感觉很踏实

②一般，基本可以达到要求

③没有，需要多攒钱来养老

43. 您认为政府和社会应该为失独群体做些什么？

①适当增加失独群体养老金补贴　②建立专门服务失独者的养老院

③成立失独群体专项公益基金组织　④为失独群体提供特制的养老保险

⑤加强对失独者就医的补助　⑥开展以政府或社会公益组织为主导的针对失独群体的社会服务　⑦制定完善失独群体的权益保护与养老相关的法律法规支付　⑧其他（请注明）＿＿＿＿＿＿

三、社会支持现状及需求

44. 您有多少关系密切，可以得到支持和帮助的朋友？

①1个也没有　②1～2个　③3～5个　④6个或6个以上

45. 近一年来您：

①远离家人，且独居一室　②住处经常变动，多数时间和陌生人住在一起

③和朋友住在一起　④和家人住在一起

46. 您与邻居：

①相互之间从不关心，只是点头之交　②遇到困难可能稍微关心

③有些邻居很关心　④大多数邻居都很关心

47. 从家庭成员得到的支持和照顾：

①无　②极少　③一般　④全力支持

48.您一般是从哪些家庭成员那里获得支持和照顾的？

①夫妻（恋人）　②父母　③儿女　④兄弟姐妹　⑤其他成员（如妯娌等）

49.过去，在您遇到急难情况时，曾经得到的经济支持和解决实际问题的帮助的来源有？

①无任何来源　②下列来源（可选多项）

A.配偶　B.亲戚　C.邻里　D.朋友　E.村委会干部

F.宗教、社会团体等非官方组织　G.其他（请注明）_____

50.过去，在您遇到急难情况时，曾经得到的安慰和关心的来源有：

①无任何来源　②下列来源（可选多项）

A.配偶　B.亲戚　C.邻里　D.朋友　E.村委会干部

F.宗教、社会团体等非官方组织　G.其他（请注明）_____

51.如果您需要您最希望谁来照顾您？

①配偶　②亲戚　③邻里　④朋友　⑤村委会干部

⑥宗教、社会团体等非官方组织　⑦社区服务机构工作人员

⑧志愿者　⑨其他（请注明）_____

52.您遇到烦恼时的倾诉方式是：

①从不向任何人诉述　②只向关系极为密切的1～2人诉述

③如果朋友主动询问您会说出来

④主动诉说自己的烦恼，以获得支持和理解

53.您遇到困难时的求助方式是：

①只靠自己，不接受别人帮助　②很少请求别人帮助

③有时请求别人帮助　④有困难时经常向家人、亲友、组织求援

54.您是否有信仰的宗教？

①没有　②有且宗教帮助我很多　③有，但是宗教对我并没有太大的帮助

55.您对心理援助的看法是？

①有必要，很有用　②没有必要，没有作用

③有必要但是不现实　④不清楚

56.您是否打算领养小孩？

①是　②否

57. 您认为是否有必要建立失独老人的专门养老院？

①有必要　②没必要

58. 对于村委会组织的活动，您的参与情况是：

①从不参加　②偶尔参加　③经常参加　④主动参加并积极活动

59. 您不参加活动的原因是什么：

①情绪太悲伤，无法参加　②不知道有相关活动举办

③觉得活动太无聊，不想参加　④其他（请注明）_____

60. 您的闲暇生活是怎样安排的？（可选多项）

①收听电视广播节目　②阅读报刊　③上网　④养花鸟鱼虫

⑤体育锻炼　⑥到邻居家串门　⑦参加同命人聚会

⑧到集市上赶集（庙会）　⑨其他（请注明）_____

61. 您需要社会服务机构为您提供哪些服务？（可选多项）

①定期陪您聊天，锻炼　②定期为您打扫房间

③节假日为您送上祝福，与您同乐　④做您的干儿子、干女儿

⑤组织失独者集体活动　⑥为您提供心理辅导　⑦为您募集资金

⑧其他（请注明）_____

62. 您理想的养老方式是：

①居家社区养老　②养老机构养老　③其他（请注明）_____

63. 您认为政府和社会为失独者最迫切需要做什么？（可选多项）

①养老院接收老人的条件太苛刻，应该有更人性化规定

②降低民办养老机构收费

③政府给予失独家庭的补贴应加大；根据实际家庭（如有疾病、无生育能力）的实际情况加大帮扶力度

④对于想再领养却无经济能力的家庭，政府应适当帮助

⑤政府能主动提供补助，而不是用子女死亡证明换取

⑥社区、社会组织、村委组织开展心理辅导、义务巡诊等服务

⑦逢年过节村委组织送些米、油、慰问金

⑧志愿者能与失独者结成固定对子，定期与老人沟通聊天

⑨独生子女费转化为资源或强制性保险

⑩其他（请注明）_____

64. 您目前生活中有哪些困难，请写在下面"____"上

_____

_____

_____

65. 您希望政府提供哪些新的救助和服务，请写在下面"____"上

_____

_____

_____

66. 您对目前政府和社会为独生子女死亡家庭提供的救助有什么意见？您希望政府提供哪些新的救助和服务，请写在下面"____"上

_____

_____

_____